Westsahara	Mauretanien	Kap Verde	Senegal	Gambia

Guinea-Bissau

Guinea	Sierra Leone	Liberia	Elfenbeinküste	Ghana

Togo	Benin	Burkina Faso	Mali	Niger

Nigeria

Kamerun	Zentralafrikanische Republik	Tschad	Sudan	Südsudan

Eritrea	Äthiopien	Dschibuti	Somalia	Kenia

Tansania	Burundi	Ruanda	Uganda	Demokratische Republik Kongo

Republik Kongo

Gabun	Äquatorial- guinea	São Tomé und Príncipe	Angola	Sambia

Malawi

Mosambik	Simbabwe	Botswana	Namibia	Südafrika

Lesotho

Swasiland	Madagaskar	Komoren	Seychellen

Mauritius

Für die drei größten Diamanten
in meinem Leben –
Lee, Ossian und Simon

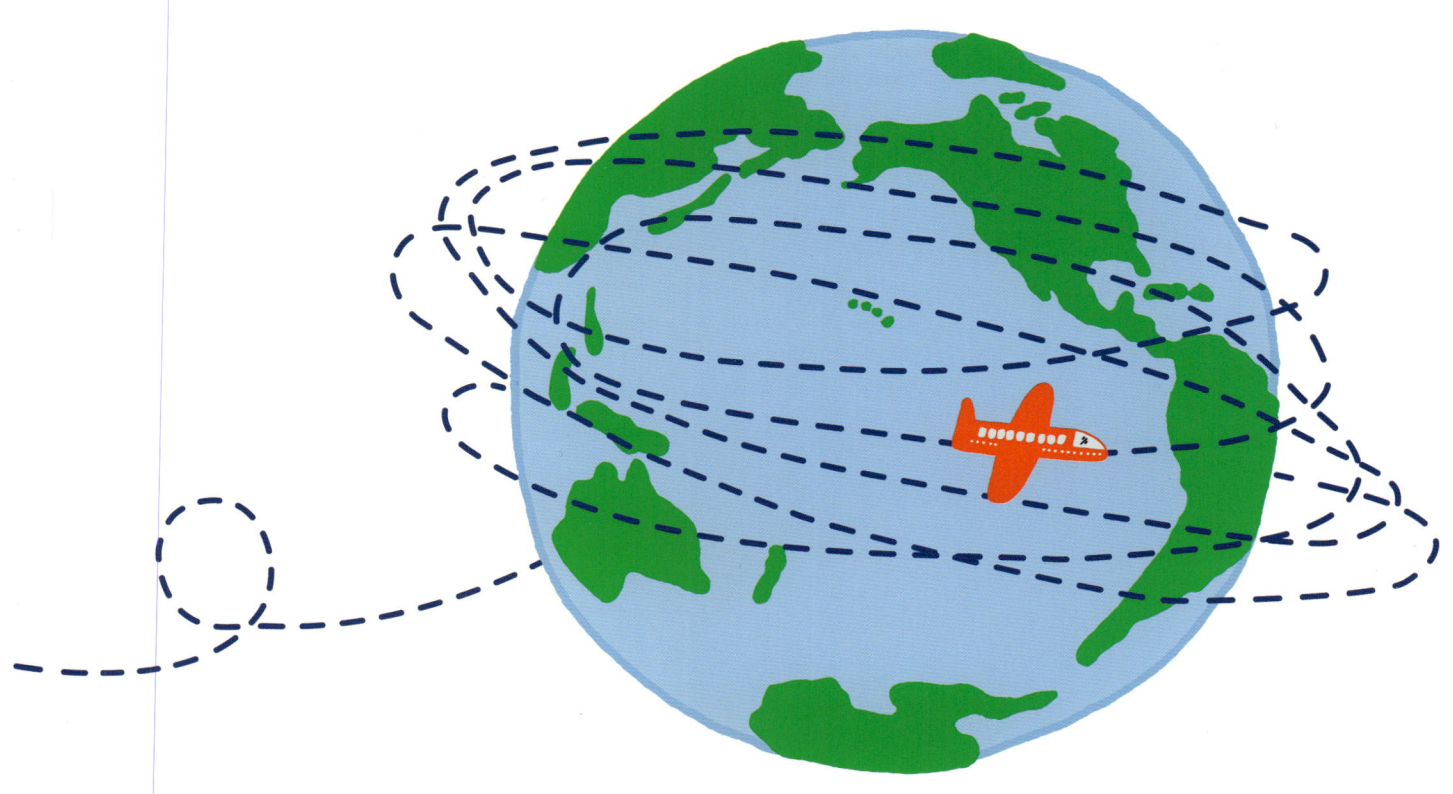

Die Übersetzung wurde freundlicherweise gefördert durch *The Swedish Arts Council.*
Der Verlag bedankt sich.

VIKTIGA KARTOR
Text and Illustrations © Sarah Sheppard, 2013
First published by Bonnier Carlsen Bokförlag, Stockholm, Sweden
Published in the German language by arrangement
with Bonnier Group Agency, Stockholm, Sweden

Für die deutsche Ausgabe
© 2015 by Klett Kinderbuch, Leipzig
Umschlag & Satz: Tropen Studios, Leipzig unter Verwendung
von Illustrationen von Sarah Sheppard
Druck & Bindung: Livonia Print, Riga
Printed in Latvia
ISBN 978-3-95470-117-9

www.klett-kinderbuch.de

*Dank an Kapitänin Karin Lemon und Erste Steuerfrau Sara Hedenberg
für die Navigation bei schwerem Seegang.
Dank an den Kompassleser Jonas Lundin. Schiff ahoi!*

SARAH SHEPPARD

ATLAS DER ABENTEUER

Weltkarten für
Entdecker und Tagträumer

Aus dem Schwedischen von Angelika Kutsch

Klett
Kinderbuch

ATLAS DER ABENTEUER

Viel Spaß! Beim Kartenreiser ist nichts unmöglich!

Wo liegt das Bermudadreieck? Wo leben die gefährlichsten Tiere der Welt?
Wer war als Erstes am Südpol? Und wie tief ist eigentlich der tiefste Tiefseegraben?
Die Karten in diesem Buch zeigen dir, wo auf der Erde du die geheimnisvollsten,
fantastischsten und spannendsten Dinge und Phänomene findest.
Gute Reise!

Tauch zum tiefsten Meeresgrund hinab auf Seite 25. Blubb!

Ich bin lebensgefährlich! Wir sehen uns auf Seite 19!

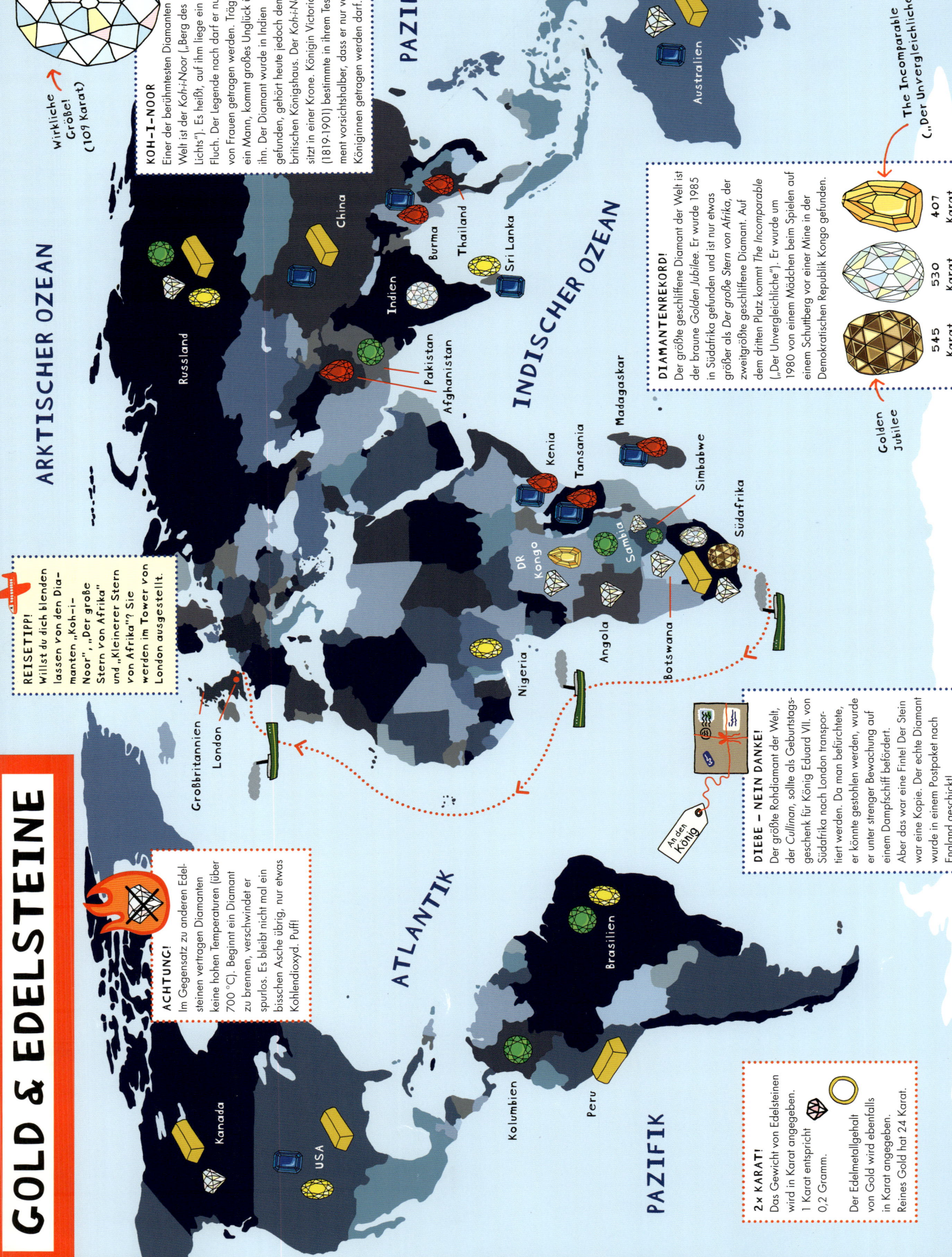

GOLD & EDELSTEINE

wirkliche Größe! (109 Karat)

KOH-I-NOOR
Einer der berühmtesten Diamanten der Welt ist der Kohi-i-Noor („Berg des Lichts"). Es heißt, auf ihm liege ein Fluch. Der Legende nach darf er nur von Frauen getragen werden. Trägt ihn ein Mann, kommt großes Unglück über ihn. Der Diamant wurde in Indien gefunden, gehört heute jedoch dem britischen Königshaus. Der Koh-i-Noor sitzt in einer Krone. Königin Victoria (1819-1901) bestimmte in ihrem Testament vorsichtshalber, dass er nur von Königinnen getragen werden darf.

REISETIPP!
Willst du dich blenden lassen von den Diamanten „Koh-i-Noor", „Der große Stern von Afrika" und „Kleinerer Stern von Afrika"? Sie werden im Tower von London ausgestellt.

ACHTUNG!
Im Gegensatz zu anderen Edelsteinen vertragen Diamanten keine hohen Temperaturen (über 700 °C). Beginnt ein Diamant zu brennen, verschwindet er spurlos. Es bleibt nicht mal ein bisschen Asche übrig, nur etwas Kohlendioxyd. Puff!

DIAMANTENREKORD!
Der größte geschliffene Diamant der Welt ist der braune Golden Jubilee. Er wurde 1985 in Südafrika gefunden und ist nur etwas größer als Der große Stern von Afrika, der zweitgrößte geschliffene Diamant. Auf dem dritten Platz kommt The Incomparable („Der Unvergleichliche"). Er wurde um 1980 von einem Mädchen beim Spielen auf einem Schuttberg vor einer Mine in der Demokratischen Republik Kongo gefunden.

The Incomparable („Der Unvergleichliche")
407 Karat
530 Karat
545 Karat
Golden Jubilee

DIEBE – NEIN DANKE!
Der größte Rohdiamant der Welt, der Cullinan, sollte als Geburtstagsgeschenk für König Eduard VII. von Südafrika nach London transportiert werden. Da man befürchtete, er könnte gestohlen werden, wurde er unter strenger Bewachung auf einem Dampfschiff befördert. Aber das war eine Finte! Der Stein war eine Kopie. Der echte Diamant wurde in einem Postpaket nach England geschickt!

An den König

2 x KARAT!
Das Gewicht von Edelsteinen wird in Karat angegeben. 1 Karat entspricht 0,2 Gramm.

Der Edelmetallgehalt von Gold wird ebenfalls in Karat angegeben. Reines Gold hat 24 Karat.

PAZIFIK

ARKTISCHER OZEAN

INDISCHER OZEAN

ATLANTIK

PAZIFIK

Australien

China

Russland

Burma

Thailand

Sri Lanka

Indien

Pakistan

Afghanistan

Madagaskar

Kenia

Tansania

Simbabwe

Südafrika

Sambia

DR Kongo

Angola

Botswana

Nigeria

Großbritannien

London

Kanada

USA

Brasilien

Kolumbien

Peru

Funkelnde Schätze der Welt

Nicht alles ist Gold, was glänzt. Nein, es kann ja auch ein funkelnder Edelstein sein. Zum Beispiel ein Diamant, Rubin, Smaragd oder Saphir. Viele der schönsten Dinge der Welt erzeugt die Erde selbst. Gold ist ein Material, das in kleinen Mengen überall hier und da in der Erde zu finden ist. Und Edelsteine entstehen im Erdinneren. Auf der Karte kannst du sehen, wo man die größte Chance hat, diese Schätze zu finden.

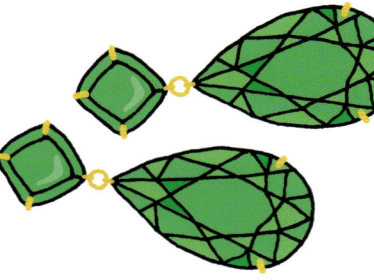

Gold

Gold ist ein weiches, glänzendes Metall, das in der Natur vorkommt. Aber es ist sehr selten und deshalb schwer zu finden. Die Menschen haben zu allen Zeiten nach Gold gesucht, um daraus Goldmünzen oder Schmuck herzustellen. Ein Goldschatz eignet sich besonders gut zum Verstecken. Gold rostet nicht und wird auch nicht von der Luft zersetzt. Findet man einen alten Goldschatz, schimmert er noch genauso schön wie an dem Tag, an dem er vergraben wurde.

Edelsteine

Edelsteine sind, geschliffen und poliert, ideale Schmucksteine. Sie glitzern und funkeln hübsch, sind aber auch robust. Je seltener, umso teurer sind sie.

Am verbreitetsten sind der weiße Diamant, der blaue Saphir, der rote Rubin und der grüne Smaragd. Edelsteine findet man häufig in Bergen. Um an die Steine zu gelangen, sprengt man Minen in die Berge.

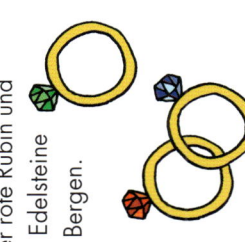

Diamanten

Der wertvollste aller Edelsteine ist der Diamant. Häufig ist er weiß, kommt aber auch in Gelb, Braun und Rosa vor. Diamanten sind die extrem harte Form einer Kohleart und bilden sich unter hohem Druck bei hohen Temperaturen im Erdinneren. Diamanten und Edelsteine, die wir heute finden, sind vor mehreren Milliarden Jahren entstanden. Sie werden durch Vulkanausbrüche an die Erdoberfläche befördert.

> Hallo, alter Freund!

Edelsteine werden zu verschiedenen Formen geschliffen, damit sie glänzen und funkeln – je mehr, desto besser! Geschliffene Edelsteine werden auch Juwelen genannt.

Gelber Topas

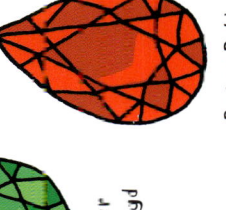
Roter Rubin

Grüner Smaragd

Weißer Diamant

Blauer Saphir

> Bling, bling! Ich bin DER STERN VON AFRIKA! Ich bin ein echter Riese!

Achtung: Die Steine sind in ihrer echten Größe abgebildet!

> Ich bin der CULLINAN-DIAMANT, der größte Diamant, der jemals gefunden wurde (3106 Karat)!!!

CULLINAN-DIAMANT wurde in viele kleinere Diamanten aufgespalten. Der größte ist *Der große Stern von Afrika*. Einen ungeschliffenen Diamanten nennt man Rohdiamant.

> Ich bin Elizabeth II., Königin von Großbritannien. Die Sterne von Afrika gehören mir. Yes!

Kleinerer Stern von Afrika

Gold!

Der große Stern von Afrika

Krönung 1953

Der Stern von Afrika

Der größte Diamant, der jemals gefunden wurde, wurde 1905 in einer Mine in Südafrika ausgegraben und nach dem Besitzer der Mine benannt: *Cullinan*. Er war riesig und wurde in neun große und über neunzig kleine Steine zerteilt. Der größte wurde in Birnenform geschliffen und *Der große Stern von Afrika* genannt. Der zweitgrößte bekam den Namen *Kleinerer Stern von Afrika*. Beide befinden sich heute im Besitz des britischen Königshauses. *Der große Stern* befindet sich im *Zepter* mit dem *Kreuz*, der *Kleinere Stern* sitzt in einer Krone (*Imperial State Crown*).

MYSTISCHE ORTE

ARKTISCHER OZEAN

PAZIFIK

INDISCHER OZEAN

ANTARKTISCHER OZEAN

ATLANTIK

China

Burma

Bhutan

Nepal

Indien

Afghanistan

Pakistan

HIMALAYA

Griechenland

Storsjön, Schweden

Loch Ness, Großbritannien

Bermuda

Florida

Puerto Rico

USA

Ich bin der Yeti, hier wohne ich.

Bis zum Jahr 2005 stand ich in Jämtland, Schweden, unter Naturschutz.

Hallo! Ich bin Bigfoot!

Wir sehen uns in Area 51!

FUSSSPUREN VOM SCHNEEMENSCH?
1951 bereitete der Engländer Eric Shipton im *Himalaya* die Besteigung des höchsten Berges der Welt, dem *Mount Everest*, vor. Auf einem Gletscher am Fuße des Berges entdeckte er riesige Fußspuren. Er folgte ihnen über einen Kilometer, bis sie verschwanden. Den Schneemensch selbst hat Shipton nie gesehen, aber er machte mehrere Fotos von den geheimnisvollen Spuren. So sahen sie aus:

Der Fußabdruck war 46 cm lang!

UNGEHEUER VON STORSJÖN
Im Storsjön, einem tiefen See bei Östersund in Schweden, wohnt das *Storsjö-Ungeheuer* – so sagt man. Nach Augenzeugenberichten hat das Untier einen kleinen hundeähnlichen Kopf und Höcker auf dem Rücken. Viele haben versucht, es zu fangen, aber bis jetzt ist es niemandem gelungen.

ATLANTIS
Laut Platon lag der versunkene Kontinent ungefähr hier. Auf der Hauptinsel, die von weiteren durch Brücken miteinander verbundenen, ringförmigen Inseln umgeben war, befand sich die Stadt Poseidopolis. Vom Meer konnte man auf langen Kanälen direkt in die Stadt hineinsegeln.

ATLANTIS + BERMUDADREIECK?
Vielleicht ist es der versunkene Kontinent Atlantis, der hinter dem Geheimnis des Bermudadreiecks steckt? Oder ist es umgekehrt? Ist Atlantis im Bermudadreieck verschwunden?

USS CYCLOPS
Im März 1918 verschwand die *USS Cyclos* im Bermudadreieck. Obwohl das Schiff riesig war und über 300 Menschen an Bord waren, fand man keinerlei Spuren – weder vom Schiff noch von der Besatzung.

AREA 51
Die Area 51 ist eine US-amerikanische Militärbasis im Teilstaat Nevada. Gerüchten zufolge werden dort abgestürzte UFOs und sogar gefangen genommene oder tote Außerirdische aufbewahrt. Die Area 51 ist weiträumig abgesperrt, sodass man nicht hineingelangt und der Sache auf den Grund gehen kann.

WARNUNG

AREA 51

Wo wohnt der Schneemensch?

Auf der Erde gibt es viele ungelöste Geheimnisse. Zum Beispiel die Frage, ob es den Schneemenschen „Yeti" wirklich gibt. Kann man es wagen, durch das Bermudadreieck zu fahren? Wohnt im See Loch Ness ein großes Ungeheuer? Und wo liegt eigentlich der versunkene Kontinent Atlantis? Einige Orte auf der Welt sind geheimnisvoller als andere. Auf der Karte kannst du sehen, wo sie liegen.

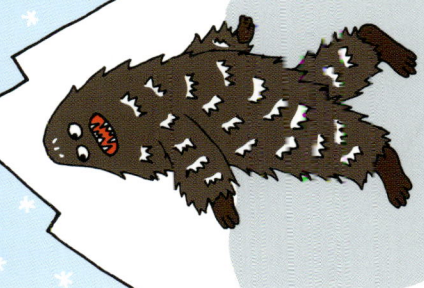

WARNUNG! Das Bermudadreieck liegt zwischen Floridas Südspitze, Puerto Rico und Bermuda.

Bermuda

USA

Florida

Kuba

Jamaika

Haiti

Dominikanische Republik

Puerto Rico

Rettungs-flugzeug „PBM Mariner"

Avenger Flugzeug

Oh nein, das Bermudadreieck! Wir hätten einen anderen Weg nehmen sollen.

Ich bin der Schneemensch Yeti. Ich habe das beste Versteck: die Gipfel des Himalayas.

Mein Name ist Bigfoot. Ich bin riesig, 2 bis 3 Meter groß. Man sagt, ich stinke!

Ungeheuer von Loch Ness

Im See *Loch Ness* in Schottland lebt das *Ungeheuer von Loch Ness*. Viele Menschen haben berichtet, es gesehen zu haben – ein großes Untier mit langem Hals. 1934 gelang es einem Doktor, ein Foto von ihm zu machen. Ist es ein riesiger Fisch oder eine missgebildete Schlange? Manche glauben, es sei ein Meeresreptil, das aus der Zeit der Dinosaurier stammt.

Ich werde Nessie genannt.

Dr. Robert Wilsons Foto

Bermudadreieck

Das Bermudadreieck ist ein Gebiet im Atlantik, in dem viele rätselhafte Unglücke geschehen sind. Schiffe und Flugzeuge verschwanden spurlos, ohne dass man eine Erklärung fand. Zeugen berichteten, sie seien in einen dichten grünen Nebel geflogen und das Meer hätte gekocht. Es gibt viele Theorien darüber, was hier geschieht. Sind es magnetische Kräfte, die die Elektronik ausschalten? Oder Gase aus dem Erdinneren, die die Schiffe in die Tiefe ziehen? Manche glauben, das Bermudadreieck sei eine geheime Pforte zu einer anderen Welt.

„Flight 19"

Am 5. Dezember 1945 brachen fünf US-amerikanische Torpedoflugzeuge des Typs Avenger zu einer Flugübung auf. Es war wolkenlos und windstill – perfektes Flugwetter. Auf dem Rückweg zur Flugbasis in Florida meldete ein Pilot, dass die Messinstrumente nicht mehr funktionieren. Die Kompassnadel drehte sich rasend schnell und die Piloten wussten nicht mehr, wo sie sind. Dann brach der Funkkontakt ab. Ein größeres Marine-Flugzeug startete, um nach den verschollenen Maschinen zu suchen, und verschwand ebenfalls. Nun wurde eine riesige Suchaktion mit mehreren hundert Schiffen und Flugzeugen eingeleitet, aber man fand keine einzige Spur. Es war, als wären die Flugzeuge vom Meer verschluckt worden.

Atlantis

Eines der ältesten Mysterien der Welt ist das Rätsel des verschwundenen Kontinents Atlantis. Atlantis war eine paradiesische Insel, auf der ein Palast aus reinem Gold und Silber stand und die Menschen in Luxus und Reichtum lebten. Eines Tages waren die Götter der Bewohner Atlantis' überdrüssig und ließen die ganze Insel im Meer versinken. Vom Untergang der Insel hat Platon, ein weiser alter Mann, erzählt. Er lebte vor mehr als 2000 Jahren in Griechenland. Seitdem rätseln die Menschen, wo Atlantis eigentlich liegt.

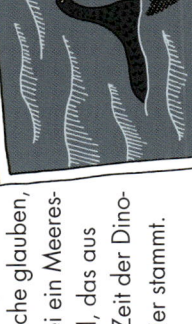

Bigfoot und Yeti

Wenn du im Nordwesten der USA im Wald spazieren gehst und einem großen haarigen, affenähnlichen Wesen begegnest, dann ist es vermutlich *Bigfoot*. Wenn du dagegen in den Bergen im *Himalaya* kletterst, ist es wohl der *Yeti*. Diese unheimlichen Wesen sind sich ziemlich ähnlich, obgleich sie auf verschiedenen Kontinenten leben. Obwohl viele Menschen sie gesehen oder Spuren von ihnen gefunden haben, ist es schwer zu beweisen, ob es sie wirklich gibt. Andererseits lässt sich auch nicht beweisen, dass es sie NICHT gibt!

GIFTIGE TIERE

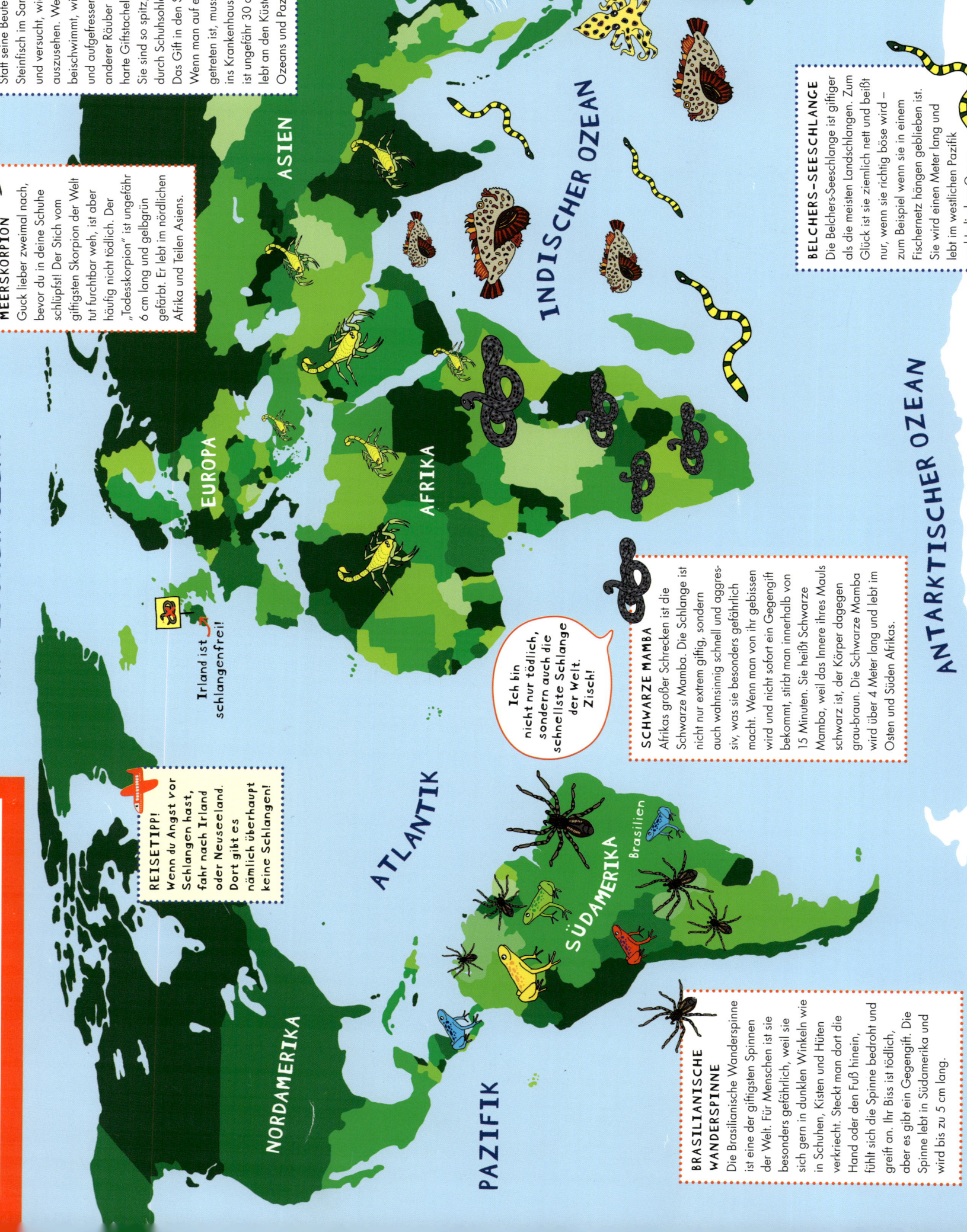

STEINFISCH

Statt seine Beute zu jagen, liegt der Steinfisch im Sand auf der Lauer und versucht, wie ein großer Stein auszusehen. Wenn ein Fisch vorbeischwimmt, wird er geschnappt und aufgefressen. Zur Abwehr anderer Räuber hat der Steinfisch harte Giftstacheln auf dem Rücken. Sie sind so spitz, dass sie sogar durch Schuhsohlen dringen können. Das Gift in den Stacheln ist tödlich. Wenn man auf einen Steinfisch getreten ist, muss man sofort ins Krankenhaus. Der Steinfisch ist ungefähr 30 cm lang und lebt an den Küsten des Indischen Ozeans und Pazifiks.

Warnung vor dem giftigsten Fisch der Welt!

GELBER MITTEL-MEERSKORPION

Guck lieber zweimal nach, bevor du in deine Schuhe schlüpfst! Der Stich vom giftigsten Skorpion der Welt tut furchtbar weh, ist aber häufig nicht tödlich. Der „Todesskorpion" ist ungefähr 6 cm lang und gelbgrün gefärbt. Er lebt im nördlichen Afrika und Teilen Asiens.

BELCHERS-SEESCHLANGE

Die Belchers-Seeschlange ist giftiger als die meisten Landschlangen. Zum Glück ist sie ziemlich nett und beißt nur, wenn sie richtig böse wird – zum Beispiel wenn sie in einem Fischernetz hängen geblieben ist. Sie wird einen Meter lang und lebt im westlichen Pazifik und Indischen Ozean.

PAZIFIK

ASIEN

INDISCHER OZEAN

ARKTISCHER OZEAN

EUROPA

AFRIKA

ANTARKTISCHER OZEAN

OZEANIEN

Australien

Neuseeland ist schlangenfrei!

Irland ist schlangenfrei!

Ich bin nicht nur tödlich, sondern auch die schnellste Schlange der Welt. Zisch!

SCHWARZE MAMBA

Afrikas großer Schrecken ist die Schwarze Mamba. Die Schlange ist nicht nur extrem giftig, sondern auch wahnsinnig schnell und aggressiv, was sie besonders gefährlich macht. Wenn man von ihr gebissen wird und nicht sofort ein Gegengift bekommt, stirbt man innerhalb von 15 Minuten. Sie heißt Schwarze Mamba, weil das Innere ihres Mauls schwarz ist, der Körper dagegen grau-braun. Die Schwarze Mamba wird über 4 Meter lang und lebt im Osten und Süden Afrikas.

REISETIPP!

Wenn du Angst vor Schlangen hast, fahr nach Irland oder Neuseeland. Dort gibt es nämlich überhaupt keine Schlangen!

ATLANTIK

SÜDAMERIKA

Brasilien

NORDAMERIKA

PAZIFIK

BRASILIANISCHE WANDERSPINNE

Die Brasilianische Wanderspinne ist eine der giftigsten Spinnen der Welt. Für Menschen ist sie besonders gefährlich, weil sie sich gern in dunklen Winkeln wie in Schuhen, Kisten und Hüten verkriecht. Steckt man dort die Hand oder den Fuß hinein, fühlt sich die Spinne bedroht und greift an. Ihr Biss ist tödlich, aber es gibt ein Gegengift. Die Spinne lebt in Südamerika und wird bis zu 5 cm lang.

Die giftigsten Tiere der Welt!

Auf der Erde gibt es viele giftige Tiere. Tiere, deren Biss giftig ist, Tiere mit giftigen Stacheln und Tiere, die Verbrennungen verursachen. Manche setzen ihr Gift beim Jagen ein, andere zur Verteidigung. Sie sind giftig, um nicht selbst gefressen zu werden. Die meisten giftigen Tiere sind für Menschen ungefährlich – aber nicht alle! Pass auf, wohin du deinen Fuß setzt. Manche Bisse oder Stiche sind sogar tödlich. Auf der Karte kannst du sehen, wo die giftigsten Tiere leben.

Ich bin ein lebensgefährlicher Blaugeringelter Krake. Ich bin so klein, dass Menschen häufig erst merken, dass sie gebissen wurden, wenn es zu spät ist.

Haltet die Augen offen, wenn ihr badet! Ich bin das unsichtbare Grauen des Meeres.

Blaugeringelter Krake

Dieser Krake ist nicht größer als ein Golfball – aber ganz schön gerissen! Er ist hellbraun wie der Sand am Meeresboden. Wird er gereizt, wechselt er die Farbe und wird knallgelb mit vielen blauen Kringeln. Sein Biss lähmt den ganzen Körper – auch die Atemorgane, sodass man keine Luft mehr bekommt. Es gibt kein Gegengift, aber wenn man mit einem Beatmungsgerät künstlich beatmet wird, bis das Gift den Körper verlassen hat, besteht eine Überlebenschance. Der Blaugeringelte Krake lebt im Westpazifik und vor der australischen Küste.

Seewespe

Die Seewespe ist eine extrem giftige Qualle, die im westlichen Pazifik lebt. Sie ist fast durchsichtig, und obwohl sie so groß wie ein Basketball ist, kann man sie im Wasser kaum sehen. Ihre bis zu 3 Meter langen Tentakel enthalten ein starkes lebensgefährliches Gift. Verwickelt man sich in diesen Fangarmen und der Körper nimmt viel Gift auf, stirbt man innerhalb weniger Minuten. Durch das Gift der Seewespe sterben jährlich mehr Menschen als durch irgendein anderes Meerestier.

Pfeilgiftfrosch

Im südamerikanischen Regenwald leben vermutlich die giftigsten Tiere der Welt – die süßen kleinen Pfeilgiftfrösche. Es gibt viele Arten mit unterschiedlichen Farben und Mustern. Ganz besonders muss man sich vor dem *Schrecklichen Pfeilgiftfrosch* in Acht nehmen. Allein ihn anzufassen, kann tödlich sein! Seinen Namen hat er von den tödlichen Pfeilen, die die Indianer des Regenwälder mit winzigen Mengen seines Gifts herstellen. Pfeilgiftfrösche werden 1-6 cm lang und leben in Zentral- und Südamerika.

Unsere kräftigen Farben signalisieren anderen Tieren, dass wir giftig sind. Also iss uns lieber nicht. Quak!

Dschungeltipp! Fass mich nicht an! Es könnte das Letzte sein, was du tust.

Inlandtaipan

Halt dich im Zentrum Australiens von Höhlen fern. Hier wohnt nämlich der Inlandtaipan – die giftigste Landschlange der Welt. Ein einziger Biss von ihr würde reichen, um hundert Menschen zu töten. Zum Glück sind Inlandtaipane nicht besonders aggressiv. Wenn man sie in Ruhe lässt, beißen sie nur selten Menschen. Die Schlange ist braun und wird etwa 2 Meter lang. Sie frisst Vögel, Mäuse und andere kleine Säugetiere.

Stör mich lieber nicht. Ich bin ein supergiftiger Inlandtaipan.

Pfui Schlange!

ENTDECKER & ABENTEURER

NORDPOL
Die ersten Menschen am Nordpol waren die Amerikaner Robert Peary und Matthew Henson im Jahr 1908, so wird zumindest vermutet. Der endgültige Beweis, dass sie den Nordpol wirklich erreicht haben, fehlt. Sicher weiß man, dass Roald Amundsen, Umberto Nobile und Lincoln Ellsworth den Nordpol 1926 mit dem Luftschiff Norge überflogen haben.

ANDRÉES LUFTFAHRT
1897 versuchten Salomon August Andrée, Knut Fraenkel und Nils Strindberg den Nordpol in einem Ballon zu überfliegen. Doch das ging völlig schief. Der Ballon, der von Svalbard, Norwegen, gestartet war, verlor Gas und stürzte schon nach drei Tagen ab. Nun mussten die drei Männer das schwere Gepäck über das arktische Eis ziehen, um zurück an Land zu gelangen. Nach 87 Tagen erreichten sie einen verlassenen frostklirrenden Teil von Svalbard, die Insel Kvitøya. Hier schlugen sie ihr Lager auf. Was dann geschah, bleibt ein Rätsel, denn hier enden die Tagebuchaufzeichnungen. Die Toten dieser tragischen Expedition und Andrées Tagebücher wurden 1930 gefunden.

Das war wohl keine so gute Idee.

REISETIPP!
Die Überreste von Andrées Polarexpedition sind im Museum von Gränna in Schweden ausgestellt.

Hurra! Ich bin der erste Europäer, der nach Indien gesegelt ist.

Sind wir bald da?

MARCO POLO
1271 reiste der Italiener Marco Polo in Richtung Osten, an Orte, die noch kein Europäer vor ihm betreten hatte. 24 Jahre später kehrte er mit Erzählungen vom Leben im fremden Osten nach Italien zurück.

Hier starb Magellan!

Ich werd verrückt! Wo liegt denn nun dieses Terra Australis?!

PAZIFIK (Stiller Ozean)

Philippinen

INDISCHER OZEAN

Australien

OZEANIEN

Neuseeland

James Cook

Magellans Schiff „Victoria" (und 18 müde Seemänner)

Vasco da Gama

ASIEN

AFRIKA

Mary Kingsley

ANTARKTIS (erst 1820 entdeckt)

Terra Australis Incognita, „Das unbekannte südliche Land". Das hoffte, dort unermessliche Reichtümer zu finden. Man hoffte, dort unermessliche Reichtümer zu finden.

JAMES COOK
Der Engländer James Cook unternahm mehrere große Erdumsegelungen. Er suchte nach Terra Australis Incognita – einem Kontinent, von dem man glaubte, er läge irgendwo auf der südlichen Erdhalbkugel. Cook segelte kreuz und quer über die Meere und kam u. a. nach Australien, Neuseeland, Tahiti und Hawaii. Aber Terra Australis fand er nie ...

MAGELLANSTRASSE
Auf der Suche nach einem Seeweg zur anderen Seite des Kontinents segelte Magellan an der südamerikanischen Küste entlang. In der Meerenge, die er schließlich fand, war es sehr stürmisch, während das Meer auf der anderen Seite ruhig schien. Magellan taufte es den Stillen Ozean (Pazifik). Die Meerenge, durch die er gesegelt war, wurde nach ihm Magellanstraße benannt.

Svalbard (Norwegen)

Kvitøya

Norwegen

Schweden

EUROPA

Italien

Spanien

Portugal

Großbritannien

Aber welches?

Land in Sicht!

Christoph Kolumbus

Bahamas

ATLANTIK

SÜDAMERIKA

NORDAMERIKA

USA

PAZIFIK (Stiller Ozean)

Meinen Berechnungen nach liegt Asien hinter der nächsten Welle.

Ich hab Hunger!

Ferdinand Magellan

FEUERLAND
Hier sah Magellan viele Lagerfeuer und nannte das Gebiet deshalb Feuerland.

- Marco Polo 1271 – 1295
- Christoph Kolumbus 1492 – 1493
- Vasco da Gama 1497 – 1498
- Ferdinand Magellan 1519 – 1521
- Juan Sebastián Elcano 1521 – 1522
- James Cook 1768 – 1771
- Mary Kingsley 1893 – 1895
- Robert Falcon Scott 1910 – 1911
- Roald Amundsen 1910 – 1911

Rund um die Erde – ohne Karte!

Bevor es Karten gab (die stimmten), reisten und segelten mutige Entdecker geradewegs ins Unbekannte. Man suchte nach neuem Land, neuen Seewegen und neuen Abenteuern – ohne zu ahnen, was hinter dem Horizont wartete. Würde man auf einen unentdeckten Kontinent oder ein Meer voller Seeungeheuer stoßen? Das müssen aufregende Zeiten gewesen sein! Auf der Karte kannst du sehen, wo (und wann) einige der bekanntesten Entdecker und Abenteurer unterwegs waren, um die Welt zu erforschen.

Kolumbus

1492 segelte der Italiener Christoph Kolumbus von Spanien aus Richtung Westen, um einen Seeweg nach Asien zu finden. Doch statt auf Asien, stieß er auf einen Kontinent, von dem noch niemand in Europa wusste. Zufrieden betrat Kolumbus das Land, die heutigen Bahamas, und dachte, er sei in Asien. Deshalb nannte er die darauf wohnten, Indianer. Erst später fand ein anderer Italiener, der Kartograf Amerigo Vespucci, heraus, dass Kolumbus keineswegs in Asien gelandet war, sondern auf einem ganz neuen Kontinent. Die „Neue Welt" Amerika wurde 1507 nach ihm benannt. Für die Indianer, die dort lebten, war der Kontinent natürlich überhaupt nicht neu. Sie wohnten hier ja schon lange. Für sie war das Neue, dass viele Menschen kamen und ihr Land in Beschlag nahmen.

Vasco da Gama

Einer, dem es tatsächlich gelang, einen Seeweg nach Asien zu finden, war der portugiesische Seefahrer Vasco da Gama. Er umrundete Afrika, durchquerte den Indischen Ozean und erreichte im Jahr 1498 Indien. Aber warum wollten alle nach Asien? Nun, dort gab es exotische Gewürze wie Zimt und Gewürznelken, die man nach zurück nach Europa nehmen und dort teuer verkaufen konnte.

Magellan

Auch der Portugiese Ferdinand Magellan suchte einen Seeweg nach Asien. Er dachte, Asien läge ein paar Tage Segelfahrt westlich des neuen Lands Amerika. In Wirklichkeit dauerte die Reise 4 Monate, und als er endlich ankam, war ein großer Teil seiner Besatzung auf dem Meer verhungert. Magellan selbst starb 1521 in einer Schlacht auf den Philippinen, aber einem seiner Besatzung fünf Schiffe umfassenden Flotte, der *Victoria*, gelang unter Kapitän Juan Sebastián Elcano die Rückkehr nach Europa. Von den gut 250 Männern der Besatzung kehrten nur 18 zurück. Dies war die allererste Weltumseglung.

Speech bubbles:
- Wunderbar! Endlich in Indien! Ihr müsst Indianer sein.
- Komischer Kerl, was faselt der da?
- Hat wohl 'nen Sonnenstich.

Christoph Kolumbus

Mary Kingsley

Mary Kingsley lebte im 19. Jahrhundert in England. Eine langweilige Zeit für eine abenteuerlustige Frau. Nur Männer durften reisen und die Welt erkunden. Aber das war Mary Kingsley egal. Sie fuhr nach Afrika und reiste durch den Dschungel. Hier studierte sie Fische und Insekten und interessierte sich besonders für einen Kannibalenstamm, dem sie begegnete. Zum Glück freundeten sie sich an und Mary wurde nicht aufgegessen. Kingsley schrieb zwei Bücher über ihre Reisen durch Afrika – einen Kontinent, von dem man in Europa zu der Zeit nur wenig wusste.

Speech bubbles:
- Mary Kingsley trug immer Bluse und langen Rock, sogar im Dschungel.
- Eine Dame reist mit Stil.

Robert Falcon Scott

Roald Amundsen

ROSSMEER

Amundsens Schiff „Fram"

Basislager „Framheim"

KAMPF UM DEN SÜDPOL

Im Januar 1911 trafen zwei große Expeditionen auf dem Eiskontinent Antarktis ein. Beide wollten versuchen, den Südpol zu erreichen – einen Ort, den noch keines Menschen Fuß betreten hatte. Der Norweger Roald Amundsen und seine Männer waren erfahrene Polarreisende. Sie zischten auf Skiern über das Eis und benutzten Schlittenhunde. Der britische Expeditionsleiter Robert Falcon Scott hatte mit Motoren angetriebene Schlitten und Ponys. Aber die Schlitten gingen kaputt, die Pferde vertrugen die Kälte nicht und starben. Als Scott schließlich den Südpol erreichte, warteten eine norwegische Flagge und ein Brief von Amundsen auf ihn. Die Norweger hatten den Südpol einen ganzen Monat vor Scott erreicht. Doch damit war die Misserfolgsserie noch nicht beendet: Auf dem Rückweg starben Scott und die vier anderen Expeditionsteilnehmer aufgrund von Kälte, Hunger und Erschöpfung.

SÜDPOL ✗

AMUNDSEN-SCOTT-SÜDPOLSTATION
Am Südpol liegt heute eine amerikanische Forschungsstation.

Scotts Schiff „Terra nova"

Hier wurde Scott erfroren in seiner Zeit gefunden.

ROALD AMUNDSEN

Im Oktober 1911 startete Roald Amundsen mit fünf Männern und 52 Hunden seine Reise zum Südpol. Davor hatten sie 9 Monate im Basislager *Framheim* verbracht und die Expedition vorbereitet. Die Ausrüstung war verbessert worden, die Hunde trainiert und Proviant entlang der vorgesehenen Route ausgelegt worden. Die Hin- und Rückreise zum Südpol dauerte 99 Tage, kürzer als Amundsen geplant hatte.

Südpol ←

Wuf!

Die Antarktis? Nicht zu empfehlen …

Ich bin der Polarsupermann. Ich war als Erster am Südpol – am 14. Dezember 1911!

15

PIRATEN & SCHÄTZE

WITWE CHENG
Einer der erfolgreichsten Piraten aller Zeiten war eine Frau, die Chinesin Witwe Cheng. Anfang des 19. Jahrhunderts kontrollierte sie mit einer Piratenflotte von mehreren tausend Schiffen das ganze Südchinesische Meer.

Ich bin die Königin aller Seeräuber!

KAPITÄN KIDD
Geschäftsmann William Kidd bekam den Auftrag, einen bekannten Piraten zu fassen, der auf dem Indischen Ozean sein Unwesen trieb. Sein Name war „Long Ben" Avery. Aber die Jagd blieb erfolglos und Kidd wurde selbst Seeräuber. Doch die Geschichte nahm kein gutes Ende: 1701 wurde er in London gehängt. Seine Leiche wurde in einem Eisenkäfig im Hafen hochgezogen. Dort hing sie mehrere Jahre zur Abschreckung für andere Piraten.

WARNUNG!
Die Piraten von heute benutzen weder Segelschiffe noch Schwerter. Sie greifen mit schnellen Motorbooten und automatischen Waffen an. Handelsschiffe und Luxusyachten werden ausgeraubt, und es kommt vor, dass ganze Besatzungen von den Piraten getötet werden. Besonders in Meerengen wie der Straße von Malakka und dem Golf von Aden sollte man sich in Acht nehmen. Dort können Piraten im Hinterhalt liegen. Auch im Golf von Guinea und in den Gewässern vor dem Horn von Afrika gibt es Piraten.

STRASSE VON MALAKKA

Hier kommt Käpt'n Kidd!

GOLF VON ADEN
HORN VON AFRIKA

Edward Low war ein grausamer Pirat, der im Karibischen Meer auf Raubzug ging. Einmal schnitt er einem Mann die Ohren ab und zwang ihn, sie mit Salz und Pfeffer aufzuessen!

KLAUS STÖRTEBEKER
Auch in Deutschland gab es Piraten. Störtebeker raubte im 14. Jahrhundert auf der Nord- und Ostsee, bevor er 1401 in Hamburg enthauptet wurde. Noch heute ranken sich etliche legenden um den Seeräuberkapitän.

Anfang des 16. Jahrhunderts raubten die Brüder Barbarossa („Rotbart") auf dem Mittelmeer.

PIRATENWRACK
1996 wurde das Wrack von Kapitän Blackbeards Schiff Queen Anne's Revenge auf dem Meeresgrund vor Atlantic Beach, North Carolina, gefunden. Dass es sich um ein Piratenschiff handelte, verrieten als Erstes die ungewöhnlich vielen Kanonen. Einige waren immer noch geladen.

REISETIPP! Kapitän Kidd soll einen Schatz auf Oak Island versteckt haben.

Ladet die Kanonen!

Her mit dem Geld! Hier sind wir!

SCHATZ VON LIMA
Im Jahr 1820 bekam Kapitän William Thompson von der Kirche den Auftrag, einen großen Schatz aus der Stadt Lima nach Mexiko zu bringen. Aber kaum auf See, konnte er der Versuchung nicht widerstehen, die wertvolle Ladung zu stehlen. Er tötete die Wachen, warf sie über Bord und wurde Pirat. Dann segelte er zur unbewohnten Kokos-Insel, wo er den Schatz vergrub. Es dauerte jedoch nicht lange, bis er geschnappt wurde. Die Besatzung wurde wegen Piraterie zum Tod durch Erhängen verurteilt. Kapitän Thompson durfte sein Leben behalten. Im Gegenzug sollte er verraten, wo der Schatz liegt. Doch auf der Kokos-Insel angekommen, floh er in den Dschungel und verschwand. Viele haben nach dem Schatz gesucht, doch bis heute hat ihn niemand gefunden.

SCHATZ VON LIMA

REISETIPP! Der Schatz von Lima ist irgendwo auf der Kokos-Insel vergraben. Dabei soll es sich u. a. um Gold, Silber, Diamanten und mit Juwelen besetzte Schwerter handeln. Es heißt, der Schatz sei viele Millionen Euro wert. Viel Glück!

PAZIFIK · SÜDCHINESISCHES MEER · China · INDISCHER OZEAN · Deutschland · Niederlande · Frankreich · Spanien · Großbritannien · London · ATLANTIK · GOLF VON GUINEA · Kanada · USA · KARIBISCHES MEER · Mexiko · Costa Rica · Kokos-Insel (COSTA RICA) · Peru · LIMA · PAZIFIK

Schurken der Meere!

Piraten oder Seeräuber, wie immer sie genannt werden, hat es zu allen Zeiten gegeben. Solange der Mensch Schiffe besitzt, so lange sind auch raubende Schurken auf den Meeren unterwegs. Auf der Karte kannst du sehen, wo die berühmtesten Piraten ihr Unwesen getrieben haben und wo einige versteckte – aber nie gefundene – Schätze liegen sollen. Die Karte zeigt auch, vor welchen Meeren du dich heute in Acht nehmen musst. Es gibt nämlich immer noch Piraten – uh!

Anne Bonny

Piraten der Karibik

Piraten gab es auf den meisten Meeren der Welt, aber in der Karibik waren es im 17. und 18. Jahrhundert besonders viele. Zu dieser Zeit plünderten spanische Eroberer in Amerika u. a. Gold und Silber. Große Handelsschiffe, die nach Europa segelten, wurden mit den Schätzen beladen. Aber auch andere waren gierig auf diese kostbare Fracht: Auf dem Meer vor Amerikas Küste wimmelte es von Piraten! Die hatten kleinere und schnellere Boote, mit denen sie die schwer beladenen spanischen Schiffe leicht einholen konnten. Mit gehisster Piratenflagge und bewaffnet mit Pistolen und Schwertern kamen die Piraten an Bord und stahlen alle Reichtümer.

Freibeuter

Manche, die auf den Meeren raubten, waren keine gewöhnlichen Piraten, sondern sogenannte Freibeuter. Sie waren im Auftrag ihrer Heimatländer unterwegs und hatten einen Kaperbrief. Mit diesem durften sie nach Herzenslust rauben, wenn sie gelobten, die Beute mit dem Staat zu teilen. Viele Freibeuter kamen aus Großbritannien, den Niederlanden und Frankreich – drei Länder, die meinten, Spanien hätte nicht das Recht, alle Schätze Amerikas an sich zu reißen. Die Schätze hatten die Spanier den Indianern gestohlen. So raubten Piraten und Freibeuter eigentlich Diebesgut!

*KAPERBRIEF
Bitte auf dem Meer rauben. Die Hälfte der Beute an mich. Viel Glück!
Königin ELIZABETH I*

Blackbeard

Einer der meistgefürchteten Piraten war Edward Thatch, bekannter unter dem Namen *Käpt'n Blackbeard*. Mit seinem Schiff, der *Queen Ann's Revenge*, führte er eine Piratenflotte von über hundert Mann an. *Blackbeard* segelte zwischen der Karibik und der afrikanischen Westküste und beraubte Handelsschiffe. Schließlich wurde er 1718 in einer Schlacht mit der englischen Flotte getötet. Aber die britischen Soldaten hatten kein leichtes Spiel. Fünf Pistolenschüsse und zwanzig Schwerthiebe waren nötig, um *Blackbeard* zu töten.

Ich bin Käpt'n Blackbeard. Um noch schrecklicher auszusehen, habe ich mir brennende Lunten unter den Hut gesteckt. So umgibt mich mysteriöser Rauch. Hehe!

Blackbeards Flagge

Das bekannteste Piratenmotiv war das von Kapitän Edward England.

Käpt'n Rackhams Flagge

NEW PROVIDENCE (Bahamas)

PUERTO RICO

TORTUGA

HISPANIOLA (heute: Haiti und Dominikanische Republik)

KUBA

JAMAIKA

PORT ROYAL

SEERÄUBERMEER
In der Inselwelt der Karibik wimmelte es von Piraten. Es waren so viele, dass die Karibik das „Seeräubermeer" genannt wurde. Mit der Zeit bildeten sich eigene Piratenorte, an denen sich die Piraten zwischen ihren Schlachten erholen konnten. Viele wohnten auf den Inseln Tortuga, New Providence und Hispaniola sowie in der Stadt Port Royal auf Jamaika.

ANNE BONNY & MARY READ
Anne Bonny und Mary Read waren zwei berühmte Piratinnen, die im Karibischen Meer auf Raubzug gingen. Sie segelten mit Kapitän Calico Jack Rackham, bis sie 1720 zusammen gefangen genommen wurden. Kapitän Rackham war vor allem für seine Feigheit bekannt. Wurde das Schiff angegriffen, versteckte er sich unter Deck und überließ Bonny und Read das Kämpfen. Kapitän Rackham wurde in Port Royal erhängt, während Bonny und Read ins Gefängnis geworfen wurden.

Blackbeards Schiff „Queen Anne's Revenge"

Piratenflaggen

Es gab viele verschiedene Piratenflaggen. Jeder Piratenkapitän hatte sein eigenes Motiv – je schrecklicher, desto besser. Übliche Symbole waren Totenköpfe, Schwerter und Skelette. Wurde vor einem Angriff die Flagge gehisst, ergab sich die Besatzung oft vor Schreck. Nicht viele Seeleute trauten sich, gegen Piraten zu kämpfen. Die meistgefürchtete Flagge auf dem Meer war jedoch keine schwarze, sondern eine rote. Wurde sie gehisst, nahte das Ende ... Eine rote Flagge bedeutete, dass niemand an Bord verschont bleiben sollte – alle sollten getötet oder Haifutter werden.

GEFÄHRLICHE TIERE

ARKTISCHER OZEAN

PAZIFIK

OZEANIEN

ASIEN

Australien

Indien

EUROPA

AFRIKA

INDISCHER OZEAN

ANTARKTISCHER OZEAN

ATLANTIK

PAZIFIK

NORDAMERIKA

SÜDAMERIKA

EISBÄR

Hoch oben im Norden leben die riesigen Eisbären. Hier, in den arktischen Polargegenden, jagen sie Robben auf den Eisschollen im Meer. Eisbären sind sehr gefährlich. Im Norden ist die Nahrung knapp, und wenn es grad nichts anderes zu fressen gibt, erscheint ein Mensch dem Eisbären wie ein leckeres Frühstück. Eisbären sind auch dafür bekannt, leise Jäger zu sein. Oft bemerkt man sie erst, wenn sie direkt vor einem stehen. Doch dann kann es zu spät sein. Den Angriff eines Eisbären überlebt man selten.

REISETIPP! Wenn man Glück hat, kann man auf Spitzbergen, Norwegen, Eisbären sehen. Dort leben etwa 3000 Tiere.

Auf Spitzbergen leben mehr Eisbären als Menschen. Hihi.

Spitzbergen (Norwegen)

Fast die Hälfte der afrikanischen Löwen lebt in Tansania, viele in der Serengeti.

Serengeti-Nationalpark (Tansania)

Krüger-Nationalpark (Südafrika)

REISETIPP! In der Serengeti und im Krüger-Nationalpark kann man auf einer Safari Löwen, Flusspferde und Krokodile in freier Natur beobachten. Hier leben auch andere spannende Tiere wie Nashörner, Geparden, Leoparden, Elefanten, Zebras und Giraffen.

Wir Weißen Haie schwimmen überall herum, aber vor Australien und Südafrika gefällt es uns am besten. Bis dann!

Geht mir aus dem Weg! Ich seh süß aus, kann aber richtig sauer werden.

FLUSSPFERD

Flusspferde sind große Tiere, die sich von Pflanzen ernähren und die meiste Zeit im Wasser verbringen. Sie sehen aus wie nette friedliche Tollpatsche, gehören aber in Wirklichkeit zu den gefährlichsten Tieren Afrikas. Flusspferde sind ungeheuer aggressiv und greifen Menschen und Boote manchmal ohne besonderen Anlass an. Sie leben im südlichen Teil Afrikas und verursachen jedes Jahr viele Todesfälle.

Willst du wissen, ob Piranhas im Wasser sind? Steck einen Finger hinein, dann wirst du's merken ...

PIRANHA

Piranhas leben in den Seen und Flüssen Südamerikas. Sie werden gewöhnlich zwischen 14 und 26 cm lang, manche Arten aber sogar bis zu einem halben Meter. Piranhas haben furchtbar scharfe Zähne und mögen Fleisch. Sie jagen in großen Schwärmen und fallen Beutetiere an, die viel größer sind als sie selbst. Sie können richtig große Tiere in Blitzgeschwindigkeit verschlingen. Dass sie Menschen fressen, ist eher ungewöhnlich, aber schon vorgekommen.

Nimm dich in Acht!

Von allen Tieren der Erde sind für uns Menschen nur sehr wenige gefährlich. Häufiger sind Menschen eine Gefahr für Tiere. Aber es gibt Situationen, die sollte man lieber vermeiden. Ein Bad in einem Fluss voller Krokodile zu nehmen oder zwischen Löwen oder Eisbären spazieren zu gehen, ist keine gute Idee. Auf der Karte siehst du, wo auf der Welt es ratsam ist, etwas genauer hinzuschauen, wenn es im Gebüsch raschelt.

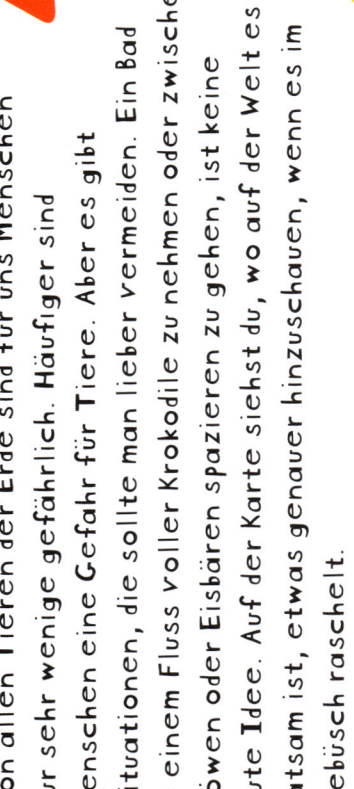

Löwe

Der Löwe ist nach dem Tiger die größte Raubkatze der Welt. Er hat große Sägezähne und ist als „Killer der Meere" bekannt. Aus mehreren Kilometern Entfernung kann er Blutgeruch im Wasser wahrnehmen. Aber Menschen frisst er nicht gern. Wir haben ihm zu viele Knochen. Manchmal probieren Haie allerdings Sachen, die im Wasser treiben – Schiffe, Surfbretter und Badende zum Beispiel. Häufig überlebt man einen solchen Angriff, weil der Hai nur eine Geschmacksprobe nimmt. Obgleich dieser Probehappen natürlich schreckliche Verletzungen verursachen kann …

Der Löwe ist nach dem Tiger die größte Raubkatze der Welt. Vor 10000 Jahren gab es jede Menge Löwen in vielen Ländern, heute nur noch etwa 20000 in der südlichen Hälfte Afrikas und in einem kleineren Gebiet im Nordwesten Indiens. Löwen jagen normalerweise Zebras und Büffel, aber manchmal töten und fressen sie auch Menschen. Große Gebiete ihrer Jagdgründe in Tansania wurden in Äcker umgewandelt. Das erschwert es den Löwen, Nahrung zu finden. Gleichzeitig nehmen die Angriffe auf Menschen zu. In der Nachbarschaft hungriger Löwen lebt es sich gefährlich!

Weißer Hai

Der Weiße Hai ist der meistgefürchtete aller Haie. Er hat große Sägezähne und ist als „Killer der Meere" bekannt. Aus mehreren Kilometern Entfernung kann er Blutgeruch im Wasser wahrnehmen. Aber Menschen frisst er nicht gern. Wir haben ihm zu viele Knochen. Manchmal probieren Haie allerdings Sachen, die im Wasser treiben – Schiffe, Surfbretter und Badende zum Beispiel. Häufig überlebt man einen solchen Angriff, weil der Hai nur eine Geschmacksprobe nimmt. Obgleich dieser Probehappen natürlich schreckliche Verletzungen verursachen kann …

Der Weiße Hai lebt in Gewässern mit Temperaturen zwischen 12 und 24 Grad. In den Polarmeeren ist ihm das Wasser zu kalt, in den tropischen Meeren zu warm.

Ein Weißer Hai hat 300 superspitze Sägezähne!

Von allen Haiarten stecke ich hinter den meisten Angriffen auf Menschen. Aber ich verspreche, ich fress dich nicht auf. Ich probier dich nur mal ein bisschen …

Der Rücken des Weißen Hais ist grau, sein Bauch weiß. Er wird 4–5 Meter lang und ernährt sich von Fischen und Robben.

Wirkliche Zahngröße des Weißen Hais
(unheimliche 7,5 cm)

Hilfe! Eine Mücke …

Welches Tier ist das gefährlichste für den Menschen? Ist es ein wütender Löwe, ein hungriger Eisbär oder ein launisches Krokodil? Nein, das allergefährlichste Tier ist ein überraschend kleines Insekt: die Malariamücke. Doch eigentlich ist nicht die Mücke gefährlich, sondern die Krankheit, die man durch ihren Stich bekommt: Malaria verursacht u. a. hohes Fieber und ist eine der häufigsten, aber auch gefährlichsten Krankheiten der Welt. In armen Ländern mangelt es oft an Medikamenten, und jedes Jahr sterben mehr als eine halbe Million Menschen an Malaria, vor allem in Afrika.

Frisches Blut, lecker!

Krokodil

Es gibt viele verschiedene Krokodile auf der Welt, aber es gibt zwei Arten, vor denen man sich besonders in Acht nehmen muss: das Nilkrokodil, das in Afrika lebt, und das Leistenkrokodil (Salzwasserkrokodil), das in Australien und Teilen Asiens zu finden ist. Sie werden bis zu 5 Meter lang, kennen keine Angst und sind sehr aggressiv. Krokodile können stundenlang unter der Wasseroberfläche auf Beute lauern, die sich dem Ufer nähert. Bei einem Angriff schießen sie blitzschnell aus dem Wasser. Nach wenigen Sekunden ist es oft schon alles vorbei!

Ich bin das gefürchtete Leistenkrokodil!

Wir Nilkrokodile sind nicht wählerisch und fressen fast alles! Antilopen, Büffel, Fische, Schlangen, Zebras, Gazellen und Menschen. Sogar Löwen landen manchmal in unserem Magen.

HOHE BERGE

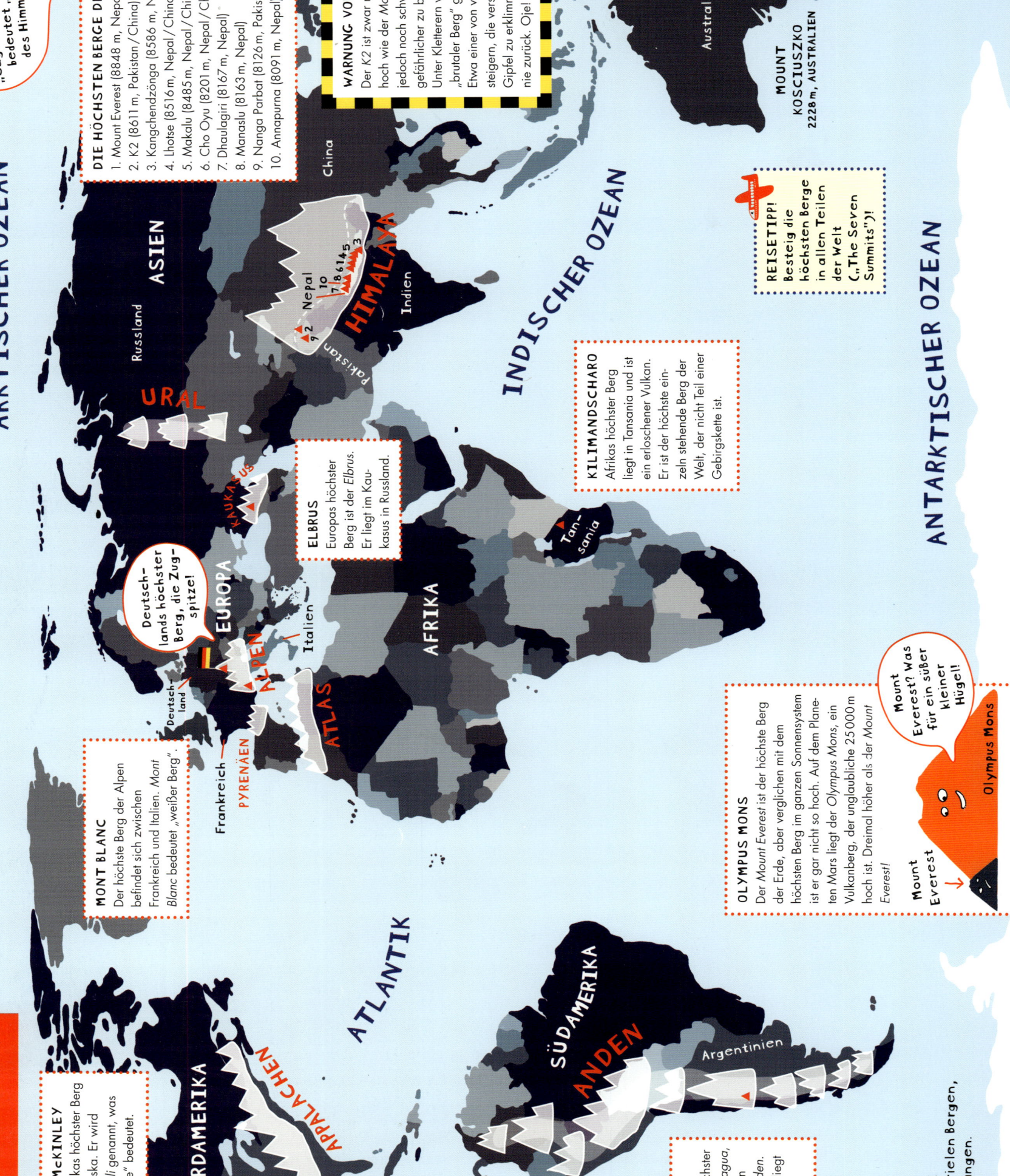

In Nepal heißt der Mount Everest „Sagarmatha". Das bedeutet „Stirn des Himmels".

DIE HÖCHSTEN BERGE DER WELT!
1. Mount Everest (8848 m, Nepal/China)
2. K2 (8611 m, Pakistan/China)
3. Kangchendzönga (8586 m, Nepal/Indien)
4. Lhotse (8516 m, Nepal/China)
5. Makalu (8485 m, Nepal/China)
6. Cho Oyu (8201 m, Nepal/China)
7. Dhaulagiri (8167 m, Nepal)
8. Manaslu (8163 m, Nepal)
9. Nanga Parbat (8126 m, Pakistan)
10. Annapurna (8091 m, Nepal)

WARNUNG VOR DEM K2!
Der K2 ist zwar nicht so hoch wie der Mount Everest, jedoch noch schwerer und gefährlicher zu besteigen. Unter Kletterern wird er „brutaler Berg" genannt. Etwa einer von vier Bergsteigern, die versuchen, den Gipfel zu erklimmen, kommt nie zurück. Oje!

REISETIPP! Besteig die höchsten Berge in allen Teilen der Welt („The Seven Summits")!

KILIMANDSCHARO
Afrikas höchster Berg liegt in Tansania und ist ein erloschener Vulkan. Er ist der höchste einzeln stehende Berg der Welt, der nicht Teil einer Gebirgskette ist.

ELBRUS
Europas höchster Berg ist der Elbrus. Er liegt im Kaukasus in Russland.

Deutschlands höchster Berg, die Zugspitze!

MONT BLANC
Der höchste Berg der Alpen befindet sich zwischen Frankreich und Italien. Mont Blanc bedeutet „weißer Berg".

OLYMPUS MONS
Der Mount Everest ist der höchste Berg der Erde, aber verglichen mit dem höchsten Berg im ganzen Sonnensystem ist er gar nicht so hoch. Auf dem Planeten Mars liegt der Olympus Mons, ein Vulkanberg, der unglaubliche 25000 m hoch ist. Dreimal höher als der Mount Everest!

Mount Everest? Was für ein süßer kleiner Hügel!

Mount Everest — Olympus Mons

MOUNT McKINLEY
Nordamerikas höchster Berg liegt in Alaska. Er wird auch Denali genannt, was „Der Große" bedeutet.

ACONCAGUA
Südamerikas höchster Berg, der Aconcagua, ist Teil der großen Gebirgskette Anden. Der Aconcagua liegt in Argentinien.

BERGGIPFEL

GEBIRGSKETTE
Ein Gebiet mit vielen Bergen, die zusammenhängen.

MOUNT VINSON
4897 m, ANTARKTIS

MOUNT KOSCIUSZKO
2228 m, AUSTRALIEN

ARKTISCHER OZEAN — ASIEN — OZEANIEN — Australien — INDISCHER OZEAN — ANTARKTISCHER OZEAN — Russland — China — Nepal — Indien — Pakistan — HIMALAYA — URAL — KAUKASUS — EUROPA — ALPEN — Deutschland — Italien — Frankreich — PYRENÄEN — ATLAS — AFRIKA — Tansania — ATLANTIK — NORDAMERIKA — APPALACHEN — USA — Alaska (USA) — ALASKAKETTE — ROCKY MOUNTAINS — PAZIFIK — SÜDAMERIKA — ANDEN — Argentinien

Die höchsten Gipfel der Welt!

Berge gibt es nicht überall auf der Erde, und manche sind nicht besonders hoch und leicht zu erklettern. Andere Berge sind riesig und ihre Besteigung ist lebensgefährlich. Trotzdem gibt es Menschen, die genau das liebend gern tun.

Die meisten Berge hängen mit anderen zusammen und bilden eine Gebirgskette. Die höchste Gebirgskette der Welt heißt „Himalaya", die längste „Anden". Auf der Karte kannst du sehen, wo du hinmusst, um eine gute Aussicht zu haben.

Himalaya

Die höchste Gebirgskette der Welt, der *Himalaya*, liegt in Asien, genau zwischen Indien und China. Nirgendwo anders auf der Welt findet man so hohe Berge. Hier gibt es mehr als hundert Gipfel, die höher als 7200 Meter sind. Der höchste Berg außerhalb Asiens, der *Aconcagua*, ist im Vergleich dazu „nur" 6962 Meter hoch. Der höchste und bekannteste Berg des *Himalayas* ist der mächtige *Mount Everest*. Er ist 8848 Meter hoch.

Mount Everest

Anfang der 1920er-Jahre begann ein Wettlauf darum, wer es als Erster auf den höchsten Berg der Erde schaffen würde. Aber einen so hohen Berg zu besteigen, erwies sich als extrem schwierig und gefährlich. Viele Expeditionen missglückten und nicht alle Bergsteiger, die es versucht haben, kehrten zurück. 1953 gelang es schließlich Edmund Hillary und Tenzing Norgay, den Gipfel zu erreichen. Noch nie zuvor waren Menschen in solchen Höhen gewesen. Sie blieben 15 Minuten auf dem höchsten Berg der Erde. Als sie wieder herunterkamen, waren sie weltberühmt.

Ich bin der Mount Everest – der Höchste, der Beste und der Schönste!

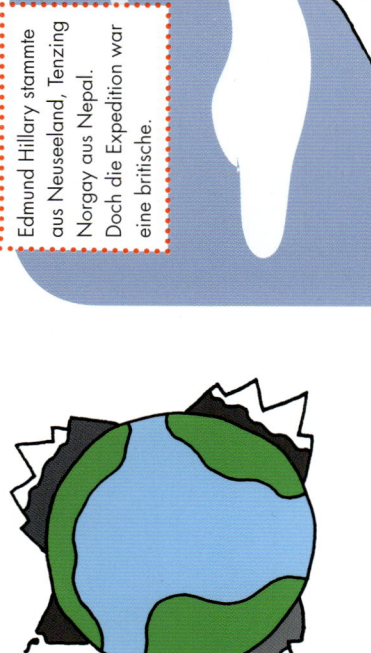

← Neuseeland

Großbritannien

Nepal →

Edmund Hillary stammte aus Neuseeland, Tenzing Norgay aus Nepal. Doch die Expedition war eine britische.

Wir waren die Ersten auf dem höchsten Berg der Welt, dem Mount Everest!

Am 29. Mai 1953, um halb zwölf morgens!

Tenzing Norgay

Edmund Hillary

Sehr nützlich beim Bergsteigen:

Eispickel

Seil

Stiefel mit Steigeisen

BERGSTEIGEN

Beim Besteigen hoher Berge muss man vorsichtig sein. Abgesehen davon, dass man vom Berg oder in eine Gletscherspalte stürzen kann, sind Lawinen und unerwartete Stürme nichts Ungewöhnliches. Außerdem ist es sehr kalt, sodass es leicht passieren kann, dass Körperteile erfrieren (diese müssen später amputiert werden). Je höher hinauf man kommt, umso weniger Sauerstoff enthält die Luft. Auf den wirklich hohen Gipfeln kann man fast nicht mehr atmen. Deshalb klettern die meisten mit Sauerstoffmaske (ähnlich wie beim Tauchen).

Warnung! In über 7000 Metern Höhe enthält die Luft so wenig Sauerstoff, dass man nicht lange überleben kann. Diesen Bereich nennt man deshalb „Todeszone".

#1 Höchster Berg der Erde!

Höchster Berg der Erde!

Meter über dem Meeresspiegel:

Mount Everest 8848 m

Aconcagua 6962 m

Mount McKinley 6194 m

Kilimandscharo 5895 m

Elbrus 5642 m

Mont Blanc 4810 m

Zugspitze 2962 m

| 10000 |
| 9000 |
| 8000 |
| 7000 |
| 6000 |
| 5000 |
| 4000 |
| 3000 |
| 2000 |
| 1000 |
| 0 |

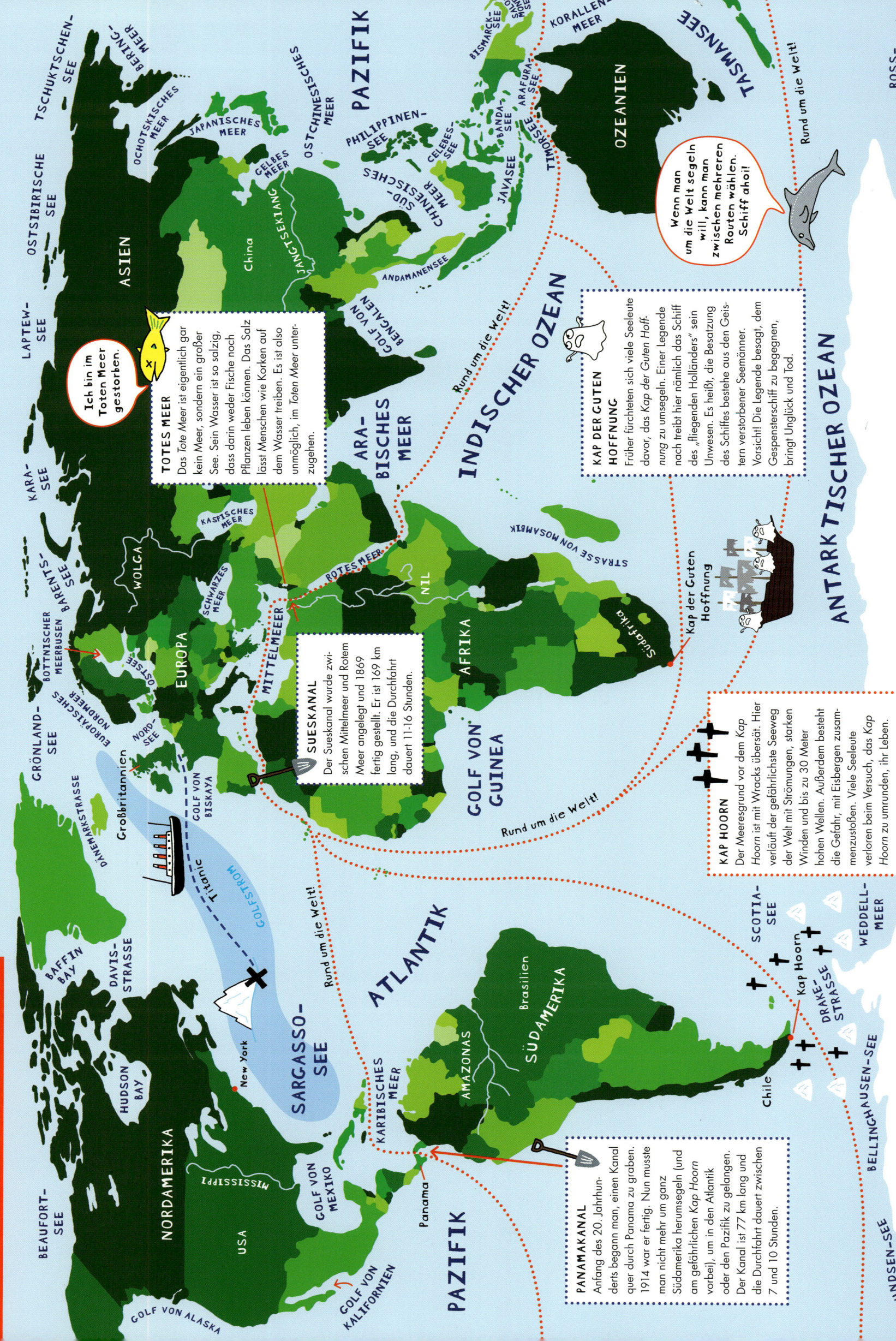

Das große Blau

Die Erde besteht aus wenig Land und viel Wasser. 71% der Erdoberfläche sind von Wasser bedeckt. Die Meere, die die verschiedenen Erdteile umgeben, werden Ozeane oder Weltmeere genannt. Sie heißen Pazifik, Atlantik, Indischer Ozean, Antarktischer Ozean und Arktischer Ozean. Diese werden ihrerseits in viele kleinere Meere unterteilt. Auf der Karte siehst du, wie sie heißen, welche Routen du nehmen kannst, wenn du eine Erdumsegelung planst, sowie welche Orte du dabei lieber meiden solltest.

Weltmeere

Auf der Erde gibt es sieben Kontinente: Nordamerika, Südamerika, Europa, Afrika, Asien, Ozeanien und Antarktika. Zwischen den Kontinenten liegen die fünf Weltmeere.

Das größte ist der Pazifik zwischen Amerika und Asien. Er ist riesengroß, größer als alles Land auf der Erde.

Das zweitgrößte Meer ist der Atlantik. Hier gibt es den mächtigen Golfstrom, durch den warmes Wasser aus den westlichen Teilen des Meeres nach Norden strömt. Ohne die Wärme, die der Golfstrom mit sich bringt, wäre es viel kälter in Europa. In den Atlantik münden auch drei der längsten Flüsse der Welt: der Amazonas, der Mississippi und der Nil (über das Mittelmeer). Der Indische Ozean ist das Meer zwischen Afrika, Asien und Ozeanien. Es ist das wärmste aller Weltmeere. Hier toben viele tropische Stürme.

Ganz unten auf der Erdkugel liegt der Antarktische Ozean. Er umgibt den eisigen Kontinent Antarktika, auf dem sich der Südpol befindet. Ganz oben liegt der Arktische Ozean, auch Nordpolarmeer genannt, der überwiegend von Eis bedeckt ist. Hier ist der Nordpol, an dem es kein Land, sondern nichts als gefrorenes Meer gibt. Im Arktischen und Antarktischen Ozean muss man sich vor schwimmenden Eisbergen in Acht nehmen.

Salzwasser

Das Wasser in den Meeren enthält Salz. Mal abgesehen davon, dass Salzwasser nicht gut schmeckt, ist es sogar gefährlich, es zu trinken. Nicht einmal kurz vorm Verdursten sollte man Meerwasser trinken. Tut man es, so trocknet der Körper aus und man ist noch durstiger als vorher. Was macht man also, wenn man auf einer einsamen Insel feststizt? Zum Überleben braucht man Süßwasser. Du kannst dir ja einen Behälter anfertigen und die Daumen drücken, dass es regnet.

Ganz schön blöd, den Planeten „Erde" zu nennen – wo er doch überwiegend mit Wasser bedeckt ist!

Wenn ich doch nur ein bisschen Wasser hätte!

Hää?!

PAZIFIK
(größtes Meer)

Nordamerika

Asien

Antarktia

Ozeanien

Aus dem Weltall sieht die Erde ganz blau aus, deshalb wird sie manchmal „Der blaue Planet" genannt.

Der Pazifik ist das allergrößte und tiefste Meer.

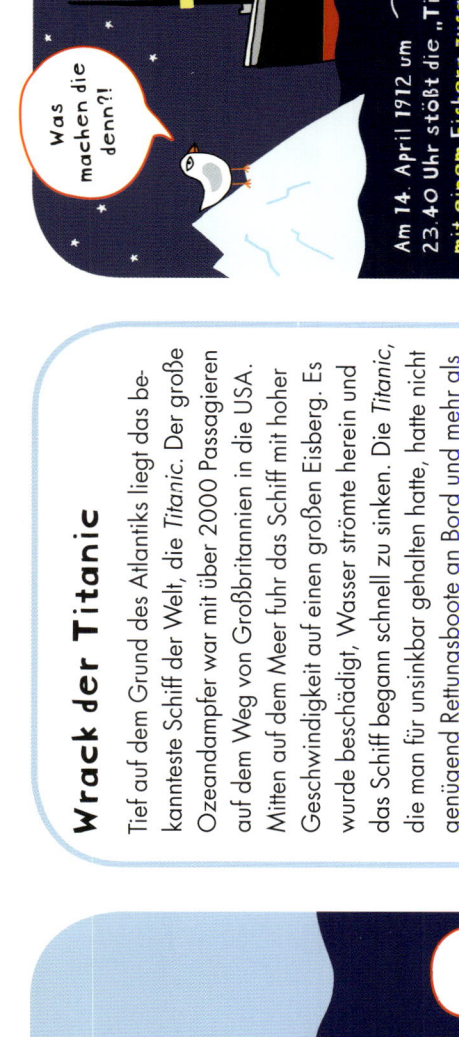

Wrack der Titanic

Tief auf dem Grund des Atlantiks liegt das bekannteste Schiff der Welt, die Titanic. Der große Ozeandampfer war mit über 2000 Passagieren auf dem Weg von Großbritannien in die USA. Mitten auf dem Meer fuhr das Schiff mit hoher Geschwindigkeit auf einen großen Eisberg. Es wurde beschädigt, Wasser strömte herein und das Schiff begann schnell zu sinken. Die Titanic, die man für unsinkbar gehalten hatte, hatte nicht genügend Rettungsboote an Bord und mehr als 1500 Menschen ertranken in dem eiskalten Wasser. Das Wrack wurde 1985 in 3800 Metern Tiefe gefunden.

Was machen die denn?!

Am 14. April 1912 um 23.40 Uhr stößt die „Titanic" mit einem Eisberg zusammen. Um 02.20 Uhr ist das Schiff im Atlantik versunken.

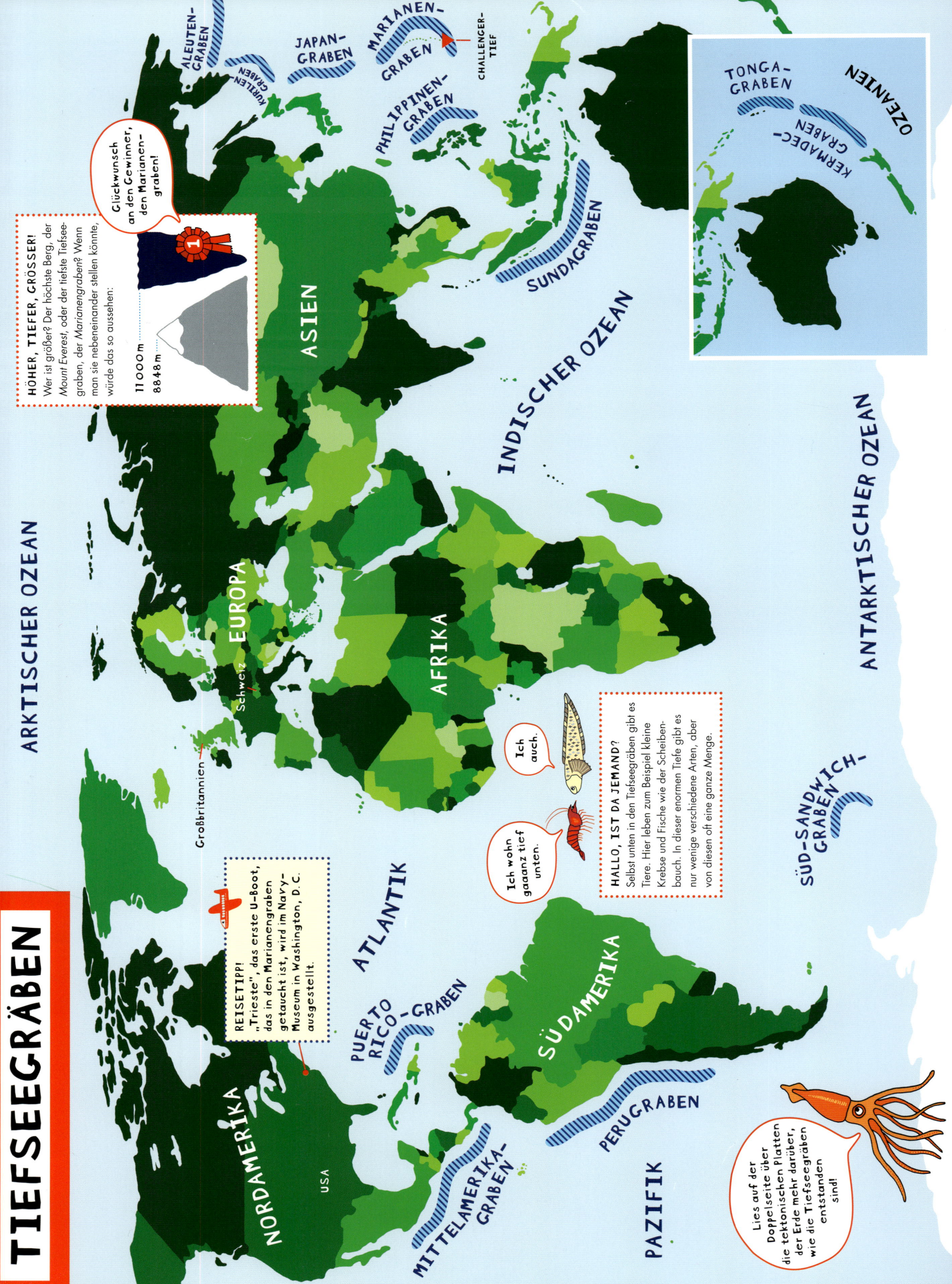

Hinunter in die dunkelsten Tiefen

Meere sind enorm tief. Der Teil, in dem wir baden und fischen, ist nur die oberste Oberfläche. Darunter breitet sich die große Tiefsee aus. Hierher gelangt kein Sonnenlicht und das Wasser ist dunkel und kalt. Die tiefsten Orte im Meer und auf der ganzen Erde sind die Tiefseegräben. Sie sind wie tiefe Rinnen am Meeresgrund, die sich ins Erdinnere erstrecken. Auf der Karte kannst du sehen, wohin du fahren musst, wenn du richtig tief tauchen willst.

Willkommen bei mir hier unten!

Marianengraben

Es gibt mehrere Tiefseegräben, aber der tiefste von allen ist der *Marianengraben*. Kurz vor der Inselgruppe der Marianen im Pazifik windet er sich wie ein tiefer Spalt durch den Meeresboden. Der *Marianengraben* wurde 1875 entdeckt, als das britische Forschungsschiff *HMS Challenger* den Meeresboden der Weltmeere erforschte. Die tiefste Stelle im *Marianengraben* wurde nach dem Schiff benannt und heißt *Challengertief*. Es liegt im südlichen Teil des *Marianengrabens*, rund 11 000 Meter unter dem Meeresspiegel. Unglaublich!

Tief in der Tiefsee

Die Tiefsee ist kalt und dunkel – und doch gibt es dort Tiere: Riesenkalmare, Tiefseequallen, Fische und Haie. Sogar bestimmte Säugetiere wie Wale und Robben können mehrere tausend Meter tief tauchen! Der Pelikanaal, der Tiefsee-Anglerfisch und der Viperfisch sind drei monsterähnliche Fische mit riesigen Mäulern voller Zähne. Fernab vom Sonnenlicht wächst nichts und es gibt wenig zu fressen. Außer sich gegenseitig aufzufressen, ernähren sich die Fische daher von toten Tieren, die aus den oberen Gewässern herabsinken.

Es gibt auch süße Tiere in der Tiefsee. Mich zum Beispiel!

Trieste

Bis heute sind nur drei Personen im *Marianengraben* gewesen. Die ersten waren der Schweizer Jacques Piccard und der Amerikaner Don Walsh, die 1960 in dem für ihre Expedition gebauten U-Boot *Trieste* hinabgetaucht sind. Die Fahrt zum Grund dauerte 4 Stunden und 47 Minuten. Im U-Boot war es kalt wie in einem Kühlschrank. Als sie unten waren, sahen sie mit Erstaunen einen Fisch davonschwimmen. Sie aßen Schokolade und stiegen nach 20 Minuten wieder auf. Die Hin- und Rückreise zum tiefsten Ort der Erde dauerte etwas länger als 8 Stunden.

Guck mal, ein Fisch!

Guck mal, was für ein komisches Ding!

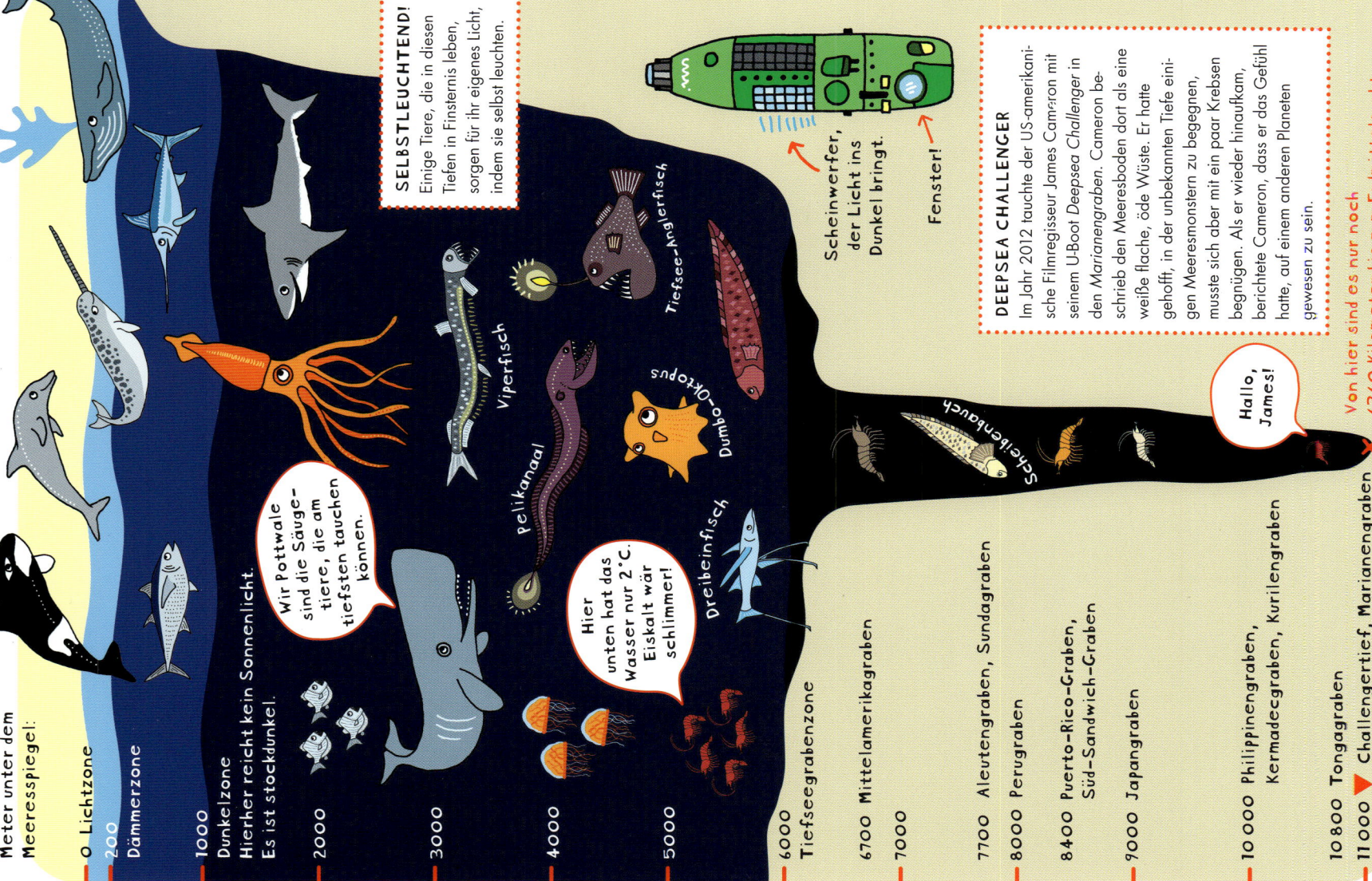

SELBSTLEUCHTEND!
Einige Tiere, die in diesen Tiefen in Finsternis leben, sorgen für ihr eigenes Licht, indem sie selbst leuchten.

DEEPSEA CHALLENGER
Im Jahr 2012 tauchte der US-amerikanische Filmregisseur James Cameron mit seinem U-Boot *Deepsea Challenger* in den Marianengraben. Cameron beschrieb den Meeresboden dort als eine weiße flache, öde Wüste. Er hatte gehofft, in der unbekannten Tiefe einigen Meeresmonstern zu begegnen, musste sich aber mit ein paar Krebsen begnügen. Als er wieder hinaufkam, berichtete Cameron, dass er das Gefühl hatte, auf einem anderen Planeten gewesen zu sein.

Scheinwerfer, der Licht ins Dunkel bringt.

Fenster!

Wir Pottwale sind die Säugetiere, die am tiefsten tauchen können.

Hier unten hat das Wasser nur 2°C. Eiskalt wär schlimmer!

Hallo, James!

Von hier sind es nur noch 6360 Kilometer bis zum Erdmittelpunkt.

Viperfisch · Pelikanaal · Dreibein-fisch · Dumbo-Oktopus · Tiefsee-Anglerfisch · Scheibenbauch

Meter unter dem Meeresspiegel:
- 0 Lichtzone
- 200 Dämmerzone
- 1000 Dunkelzone — Hierher reicht kein Sonnenlicht. Es ist stockdunkel.
- 2000
- 3000
- 4000
- 5000
- 6000 Tiefseegrabenzone
- 6700 Mittelamerikagraben
- 7000
- 7700 Aleutengraben, Sundagraben
- 8000 Perugraben
- 8400 Puerto-Rico-Graben, Süd-Sandwich-Graben
- 9000 Japangraben
- 10 000 Philippinengraben, Kermadecgraben, Kurilengraben
- 10 800 Tongagraben
- 11 000 ▼ Challengertief, Marianengraben

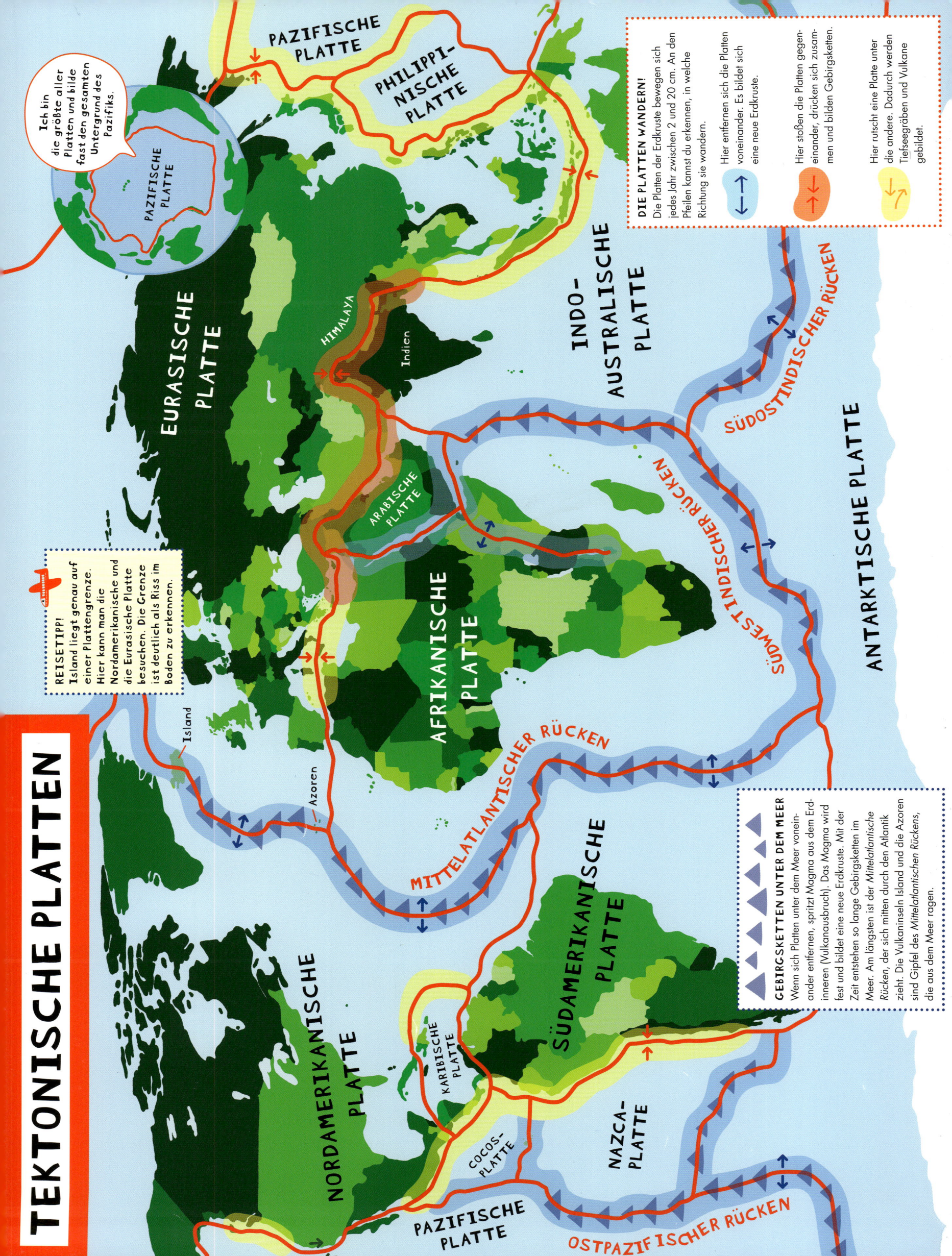

QUERSCHNITT DER ERDE

TIEFSEEGRÄBEN
In der Lücke zwischen zwei Platten bildet sich eine tiefe Rinne im Meeresboden.

VULKANE
Wenn eine Ozeanplatte mit einer anderen Platte zusammenstößt, wird diese in den Inneren Mantel gedrückt, wo sie schmilzt. Da es hier jedoch keinen Platz für das geschmolzene Gestein gibt, wird es durch einen Vulkanausbruch wieder an die Erdoberfläche geschleudert.

ERDKERN
Kugel aus Metall. 5000 °C heiß!

MANTEL
Teils festes, teils geschmolzenes Gestein (Magma).

GEBIRGSKETTEN
Stoßen zwei Kontinente aneinander, werden sie zusammengepresst und nach oben gedrückt. Dadurch bildet sich eine Gebirgskette.

MITTELOZEANISCHER RÜCKEN
Wo sich zwei Platten voneinander entfernen, steigt Magma auf. Unter dem Wasser bilden sich vulkanische Gebirgsketten.

ERDKRUSTE
Platten, die sich über dem Mantel bewegen.

Ozeanische Kruste (unter dem Meer)

Kontinentale Kruste (unter dem Land)

Das größte Puzzle der Welt!

Die äußerste Schicht der Erdkugel, die Erdkruste, besteht aus vielen riesigen Platten, die sich ähnlich wie ein großes Puzzle zusammenfügen. Diese Platten sind ständig in Bewegung, und an den Stellen, wo sie aufeinandertreffen, passieren viele aufregende Sachen! Hier entstehen Erdbeben und Vulkanausbrüche. Hier findet man Tiefseegräben, hohe Berge und dampfende neue Erdkrusten. Auf der Karte kannst du sehen, wo die Grenzen der Platten verlaufen, wie die Platten heißen und in welche Richtung sie sich bewegen.

Pangaea

Wenn sich die Platten auf der Erdkugel bewegen, verschieben sich auch die Kontinente. Das Aussehen der Erde verändert sich dadurch ständig ein wenig. Vor langer Zeit hingen alle Kontinente in einem einzigen großen Klumpen zusammen – ein Superkontinent, der *Pangaea* genannt wird. Er war umgeben vom Ozean *Panthalassa*. Allmählich zerbrach *Pangaea* und teilte sich in die sechs Erdteile, die es heute gibt: Nordamerika, Südamerika, Eurasien, Afrika, Ozeanien und Antarktika. Noch heute erkennt man, dass Südamerika und Afrika wie zwei Puzzleteile zusammenpassen!

Schichten der Erde

Tief im Erdinneren befindet sich ein massiver, schwerer KERN, der aus den Metallen Eisen und Nickel besteht. Hier ist es rund 5000 Grad heiß! Der Kern ist vom MANTEL umgeben, der aus einer dichten, zähflüssigen, glühenden Masse aus geschmolzenem Gestein besteht, dem Magma. Die äußerste Schicht bildet die KRUSTE. Sie ist eine dünne Gesteinsschale, die sich über dem Mantel bewegt und sich aus der kontinentalen und der ozeanischen Kruste zusammensetzt. Sie ist 5 bis 70 Kilometer dick – unter den Kontinenten am dicksten, unter den Meeren am dünnsten.

Pangaea bedeutet auf Griechisch „ganze Erde" und Panthalassa „alles Meer".

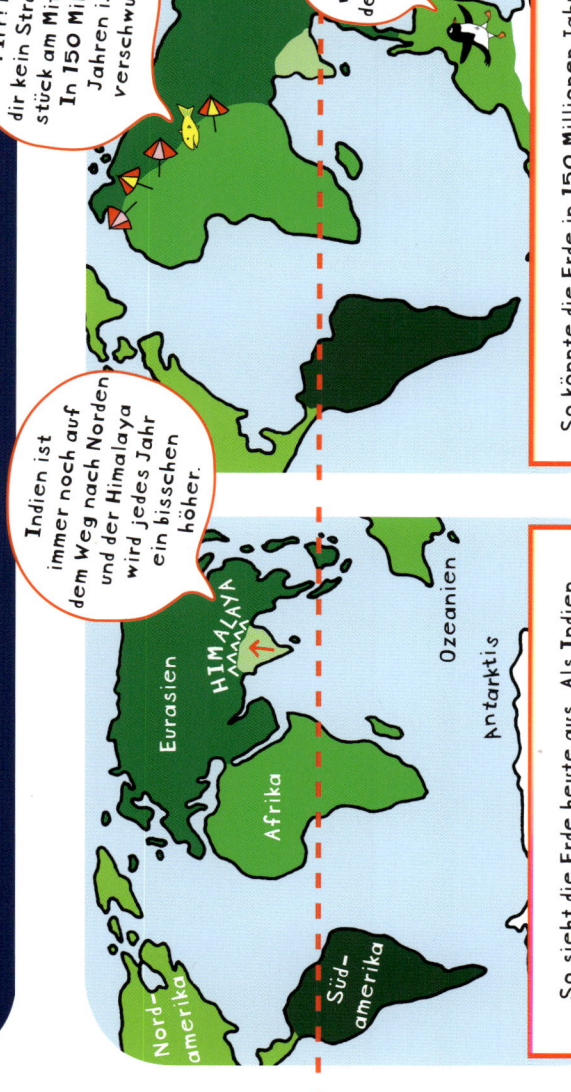

So könnte die Erde in 150 Millionen Jahren aussehen. Afrika hat sich mit Eurasien verbunden und Ozeanien hängt an der Antarktis.

So sieht die Erde heute aus. Als Indien mit Eurasien zusammenstieß, bildete sich die Gebirgskette Himalaya.

Vor 70 Millionen Jahren teilte sich Pangaea in sechs Erdteile und Indien, das wie eine Insel im Meer schwamm.

So könnte die Erde vor 230 Millionen Jahren ausgesehen haben. Alle Kontinente hingen als Superkontinent Pangaea zusammen.

VULKANE & ERDBEBEN

VULKANE
Heute gibt es etwa 1500 aktive Vulkane. Ein aktiver Vulkan kann ausbrechen, auch wenn zwischen den Ausbrüchen Hunderte von Jahren liegen können.

ERDBEBEN
Jedes Jahr ereignen sich mehrere Millionen Erdbeben, aber die meisten sind so schwach, dass man sie gar nicht bemerkt. Etwa 100 sind so stark, dass sie Schäden verursachen können.

VESUV
Vor etwa 2000 Jahren wurden die Stadt Pompeji und ihre Bewohner bei einem gewaltigen Ausbruch des Vesuvs unter einer dicken Ascheschicht begraben. Im 18. Jahrhundert legte man Pompeji frei. Heute kann man die Stadt besuchen, in der die Zeit stillgestanden ist. Der Vesuv ist ein aktiver Vulkan, der 1944 seinen letzten Ausbruch hatte.

KRAKATAU
1883 hatte der Vulkan Krakatau einen so gewaltigen Ausbruch, dass er zersprang. Der Druck der Explosion war so groß, dass es Seeleuten draußen auf dem Meer das Trommelfell zerriss. Das Getöse der Explosion war bis nach Madagaskar zu hören.

TAMBORA
1815 hatte der Vulkan Tambora einen mächtigen Ausbruch. Enorme Mengen Asche breiteten sich über den Erdball aus und verdunkelten weithin den Himmel. Auf der Erde wurde es kälter, was dazu führte, dass es im Sommer schneite. Missernten und Hungersnöte waren die Folge. Das Jahr nach dem Ausbruch, 1816, wurde deshalb das „Jahr ohne Sommer" genannt. Wenn sich die Erde auf Grund eines Vulkanausbruchs abkühlt, nennt man das „Vulkanwinter".

INDISCHER OZEAN
Am zweiten Weihnachtsfeiertag des Jahres 2004 ereignete sich im Indischen Ozean vor Indonesien ein gewaltiges Seebeben. Dabei bildete sich eine Tsunamiwelle, die rasch über das Meer rollte. Als die Welle Land erreichte, war sie an manchen Stellen 30 Meter hoch und richtete unermessliche Schäden in großen Teilen entlang der Küste des Indischen Ozeans an. Mit 230000 Toten war es eine der größten Naturkatastrophen der modernen Zeit. Das Erdbeben maß 9,3 auf der Richterskala und erschütterte die ganze Welt.

TSUNAMI
Ein Seebeben kann bewirken, dass sich der Meeresboden und das Meer darüber um mehrere Meter heben. Dann bildet sich eine große Welle, ein Tsunami. Die Welle wird erst gefährlich, wenn sie Land erreicht. Tsunamis können auch durch Vulkanausbrüche auf dem Meeresgrund verursacht werden.

ÄTNA
Europas größter und aktivster Vulkan ist der Ätna in Italien. Der Ätna brach zuletzt im Jahr 2013 aus.

BABYINSEL SURTSEY
Vor ungefähr 50 Jahren liegt die kleine neu entstandene Insel Surtsey. 1963 fand am Grund des Atlantiks ein Vulkanausbruch statt, der 4 Jahre dauerte. Schließlich war so viel Lava hochgeschleudert worden, dass eine ganz neue Insel entstand.

MONTAGNE PELÉE
Als der Vulkan Montagne Pelée im Jahr 1902 ausbrach, gingen große Feuerwolken aus Lava, Asche und giftigen Gasen auf die Stadt Saint-Pierre nieder. Innerhalb weniger Minuten kamen 30000 Menschen um. Der einzige Überlebende war ein Gefangener, der in einer fensterlosen Zelle eingesperrt gewesen war.

VALDIVIA
1960 ereignete sich das schwerste Erdbeben, das je registriert wurde – es erreichte 9,5 auf der Richterskala. Bei dem Beben starben mehrere tausend Menschen und Millionen wurden obdachlos. Das Beben verursachte einen Tsunami, der sogar Japan und Alaska erreichte.

SAN FRANCISCO
Im Jahr 1906 zerstörte ein großes Erdbeben fast die ganze Stadt. Sie liegt an einem 1200 km langen Spalt in der Erdkruste (San-Andreas-Verwerfung) und es ist nur eine Frage der Zeit, wann es ein neues großes Beben geben wird.

RICHTERSKALA
Die Stärke von Erdbeben wird mit der Richterskala gemessen. Der niedrigste Wert ist 0, der höchste 10. Wie viel Schaden ein Erdbeben anrichtet, hängt von der Stärke des Bebens ab, aber auch davon, wo es sich ereignet. Am schlimmsten trifft es große Städte, in denen es viele Häuser gibt, die einstürzen können.

Grüße aus dem Inneren der Erde!

Erdbeben und Vulkanausbrüche sind wie Grüße aus dem turbulenten Erdinneren. Platten der Erdkruste, die sich bewegen und zusammenstoßen oder auseinandertreiben, können einen Vulkanausbruch oder ein Erdbeben verursachen. Manchmal sogar beides gleichzeitig! Auf der Karte kannst du sehen, wo Vulkane liegen und wo das größte Risiko für Erdbeben besteht. In gewissen Teilen der Welt lebt es sich ganz klar etwas wackliger als in anderen ...

Erdbeben

Bei schweren Erdbeben beginnt der Boden zu schwanken und zu schaukeln. Brücken und Straßen gehen kaputt, die Erde reißt auf und Häuser stürzen ein. Häufig hört man ein lautes Grollen. Aber nicht das Erdbeben selbst ist das Gefährlichste, sondern alles, was es zerstört. Viele Menschen sterben unter den Schuttmassen eingestürzter Häuser. Erdbeben treten dort auf, wo die Platten der Erde sich treffen. Man weiß also, wo auf der Welt das größte Risiko für Erdbeben besteht. Es lässt sich aber nicht vorhersehen, wann sie auftreten.

Vulkane

Manche Vulkanausbrüche verlaufen ziemlich ruhig. Dünne Lavaströme fließen langsam an den Hängen des Vulkans hinunter. Andere Vulkane brechen explosionsartig aus. Dabei werden Lava, Asche, Steine und giftige Gase mit enormer Kraft aus dem Vulkankrater geschleudert. Die Lava fließt häufig so langsam, dass man noch weglaufen kann. Gase und Aschewolken dagegen bewegen sich sehr schnell. Dicke Ascheschichten können große Gebiete bedecken, und die Gase, die dem Vulkan entströmen, wirken manchmal tödlich.

Mauna Loa

Der größte Vulkan der Erde heißt *Mauna Loa*. Er liegt auf Hawaii, mitten im Pazifik. Hawaiis Inseln sind durch Vulkanausbrüche auf dem Meeresgrund entstanden. Der *Mauna Loa* und sein Nachbarvulkan der *Kilauea* sind sehr aktiv. Der *Mauna Loa* hatte seinen letzten Ausbruch im Jahr 1983, der *Kilauea* brach in den vergangenen 30 Jahren immer wieder aus. Südöstlich von Hawaii entsteht eine ganz neue Insel im Meer. Hier liegt ein Vulkan, der ein Tiefseeberg ist und die Meeresoberfläche noch nicht erreicht hat. Vielleicht kann man in einigen hundert Jahren dort Urlaub machen!

Die Aufgabe von Vulkanologen ist es, Vulkane zu erforschen.

Wenn das Magma die Erdoberfläche erreicht, nennt man es Lava.

LAVA
Lava ist sehr heiß und entzündet alles, was ihr in den Weg kommt. Wenn sie abkühlt, erstarrt sie und wird zu festem Gestein.

ASCHE
Große Aschewolken können die Sonne verdecken und das Klima abkühlen.

GIFTIGER RAUCH
Rauch und Gase können sehr giftig sein und sind häufig die größte Gefahr bei einem Vulkanausbruch.

Magma aus dem Erdinneren dringt durch ein Loch in die Erdkruste – es kommt zu einem Vulkanausbruch. Puff! Die Lava erstarrt und baut den Vulkan auf, der nach jedem Ausbruch größer wird. Manchmal, bei gewaltigen Ausbrüchen, kann es vorkommen, dass große Teile des Vulkans abgesprengt werden.

erstarrte Lava

jeder neuen Lavaschicht

Vulkane wachsen mit

Erdkruste (kontinental)

Magma (geschmolzenes Gestein)

Mantel

VULKAN IM QUERSCHNITT

Pazifischer Feuerring
(„The Ring of Fire")

NORD-AMERIKA
SÜDAMERIKA
ASIEN
PAZIFIK
OZEANIEN

An den Küsten rund um den Pazifik liegen Vulkane wie in einem Kreis. Das Gebiet wird daher „Pazifischer Feuerring" genannt. Hier kommen die meisten Erdbeben und Vulkanausbrüche vor.

Hotspots

Die meisten Vulkane entstehen dort, wo Erdplatten zusammentreffen. Aber nicht alle. Hawaii etwa liegt mitten auf der Pazifischen Platte. Darunter gibt es jedoch einen *Hotspot* („heißer Fleck"). Das sind extrem heiße Bereiche im Erdinneren, die Vulkanausbrüche verursachen.

Der Hotspot bleibt auf der Stelle, während sich die Platte darüber bewegt. Auf diese Art entstehen Inseln.

Ozeanische Kruste
Heißer Fleck (Hotspot)
Mantel

Hawaii-Inseln (USA)

Ni'ihau
Kaua'i
O'ahu
Pearl Harbor
HONOLULU
Moloka'i
Maui
Hawaii
Entstehende Insel Lō'ihi!

PAZIFIK
Hawaii

Gähn ... Ich bin Kea. Ich Mauna schlafe seit 4000 mehr als Jahren!

Ich bin Kīlauea, einer der aktivsten Vulkane der Welt!

Ich bin Mauna Loa und der größte Vulkan der Erde!

aktiv
schlafend
erloschen

EUROPA

ATLANTIK

ISLAND

Färöer-Inseln
(Dänemark)

Shetlandinseln
(Großbritannien)

NORWEGEN

SCHWEDEN

FINNLAND

Åland
(FI)

RUSSLAND

ESTLAND

Gotland
(SE)

LETTLAND

LITAUEN

RU

WEISSRUSSLAND

IRLAND

GROSS-
BRITANNIEN

DÄNE-
MARK

NIEDER-
LANDE

POLEN

UKRAINE

BELGIEN

DEUTSCHLAND

LUXEMBURG

TSCHECHIEN

SLOWAKEI

MOLDAWIEN

LIECHTEN-
STEIN

ÖSTERREICH

UNGARN

RUMÄNIEN

FRANKREICH

SCHWEIZ

SLOWENIEN

KROATIEN

MONACO

SAN
MARINO

BOSNIEN UND
HERZEGO-
WINA

SERBIEN

BULGARIEN

KOSOVO

ANDORRA

Korsika
(FR)

ITALIEN

MONTENEGRO

MAZE-
DONIEN

ALBANIEN

PORTUGAL

SPANIEN

Menorca
(ES)

VATIKAN-
STADT

GRIECHEN-
LAND

Asien

Ibiza
(ES)

Mallorca
(ES)

Sardinien
(I)

ZYPERN

Sizilien
(I)

MALTA

Kreta
(GR)

30

Afrika

Europa

TUNESIEN

MAROKKO

Asien

Kanarische Inseln
(Spanien)

ALGERIEN

LIBYEN

ÄGYPTEN

WESTSAHARA

KAP
VERDE

MAURETANIEN

MALI

NIGER

TSCHAD

SUDAN

ERITREA

SENEGAL

BURKINA
FASO

DSCHIBUTI

GAMBIA

GUINEA-
BISSAU

GUINEA

NIGERIA

ÄTHIOPIEN

SIERRA
LEONE

ELFEN-
BEIN-
KÜSTE

GHANA

TOGO

BENIN

LIBERIA

ZENTRAL-
AFRIKANISCHE
REPUBLIK

SÜDSUDAN

SOMALIA

KAMERUN

ÄQUATORIAL-
GUINEA

UGANDA

KENIA

SÃO TOMÉ UND
PRÍNCIPE

GABUN

REPUBLIK KONGO

RUANDA

BURUNDI

DEMOKRATISCHE
REPUBLIK
KONGO

SEYCHELLEN

TANSANIA

31

ATLANTIK

MALAWI

KOMOREN

ANGOLA

SAMBIA

MADAGASKAR

MOSAMBIK

MAURITIUS

SIMBABWE

NAMIBIA

Réunion
(FR)

BOTSWANA

SWASILAND

LESOTHO

SÜDAFRIKA

INDISCHER
OZEAN

NORDAMERIKA

Grönland
(Dänemark)

ATLANTIK

Alaska
(USA)

KANADA

USA

Bermuda
(GB)

PAZIFIK

MEXIKO

BAHAMAS

KUBA

DOMINIKANISCHE
REPUBLIK

Jungferninseln
(GB + USA)

Guadeloupe
(FR)

JAMAIKA

HAITI

Puerto Rico
(USA)

KLEINE ANTILLEN

5

1

3

BELIZE

GROSSE ANTILLEN

Martinique
(FR)

6

7

2

4

HONDURAS

GUATEMALA

NICARAGUA

8

EL SALVADOR

COSTA RICA

PANAMA

Südamerika

32

LAND / Hauptstadt ●
BAHAMAS / Nassau
BELIZE / Belmopan
COSTA RICA / San José
EL SALVADOR / San Salvador
GUATEMALA / Guatemala-Stadt
HONDURAS / Tegucigalpa
KANADA / Ottawa
MEXIKO / Mexiko-Stadt
NICARAGUA / Managua
PANAMA / Panama-Stadt
USA / Washington, D.C.

GROSSE ANTILLEN
DOMINIKANISCHE REPUBLIK
  / Santo Domingo
HAITI / Port-au-Prince
JAMAIKA / Kingston
KUBA / Havanna

KLEINE ANTILLEN
1. ANTIGUA UND BARBUDA
   / Saint John's
2. BARBADOS / Bridgetown
3. DOMINICA / Roseau
4. GRENADA / Saint George's
5. ST. KITTS UND NEVIS
   / Basseterre
6. ST. LUCIA / Castries
7. ST. VINCENT UND DIE
   GRENADINEN / Kingstown
8. TRINIDAD UND TOBAGO
   / Port of Spain

SÜDAMERIKA

Nordamerika

ATLANTIK

VENEZUELA

FRANZÖSISCH-
GUAYANA

GUYANA

SURINAME

KOLUMBIEN

Galapagosinseln
(Ecuador)

ECUADOR

PAZIFIK

PERU

BRASILIEN

33

BOLIVIEN

CHILE

PARAGUAY

URUGUAY

ARGENTINIEN

Falklandinseln
(GB)

LAND / Hauptstadt ●
ARGENTINIEN / Buenos Aires
BOLIVIEN / Sucre
BRASILIEN / Brasília
CHILE / Santiago de Chile
ECUADOR / Quito
FRANZÖSISCH-GUAYANA
   / Cayenne
GUYANA / Georgetown
KOLUMBIEN / Bogotá
PARAGUAY / Asunción
PERU / Lima
SURINAME / Paramaribo
URUGUAY / Montevideo
VENEZUELA / Caracas

ASIEN

PAZIFIK

INDISCHER OZEAN

Ozeanien

RUSSLAND

Europa

Afrika

34

NORDKOREA

SÜDKOREA

JAPAN

PHILIPPINEN

Taiwan (China)

VIETNAM

BRUNEI

MALAYSIA

SINGA-PUR

INDONESIEN

OSTTIMOR

LAOS

KAMBOD-SCHA

THAILAND

MYANMAR (BURMA)

Andamanen (Indien)

Nikobaren (Indien)

SRI LANKA

MALEDIVEN

MONGOLEI

CHINA

BHUTAN

NEPAL

BANGLA-DESCH

INDIEN

KASACHSTAN

KIRGISISTAN

TADSCHIKISTAN

USBEKISTAN

TURKMENISTAN

AFGHANISTAN

PAKISTAN

IRAN

Sokotra (Jemen)

OMAN

VEREINIGTE ARABISCHE EMIRATE

KATAR

BAHRAIN

KUWEIT

SAUDI-ARABIEN

JEMEN

GEORGIEN

ASERBAIDSCHAN

ARMENIEN

TÜRKEI

SYRIEN

IRAK

JORDANIEN

LIBANON

ISRAEL

LAND / Hauptstadt ●
AFGHANISTAN / Kabul
ARMENIEN / Jerewan
ASERBAIDSCHAN / Baku
BAHRAIN / Manama
BANGLADESCH / Dhaka
BHUTAN / Thimphu
BRUNEI / Bandar Seri Begawan
CHINA / Peking (Beijing)
GEORGIEN / Tiflis
INDIEN / Neu-Delhi
INDONESIEN / Jakarta
IRAK / Bagdad
IRAN / Teheran
ISRAEL / Jerusalem
JAPAN / Tokio
JEMEN / Sanaa
JORDANIEN / Amman
KAMBODSCHA / Phnom Penh
KASACHSTAN / Astana
KATAR / Doha
KIRGISISTAN / Bischkek
KUWAIT / Kuwait-Stadt

LAOS / Vientiane
LIBANON / Beirut
MALAYSIA / Kuala Lumpur
MALEDIVEN / Malé
MONGOLEI / Ulaanbaatar
MYANMAR (BURMA) / Naypyidaw
NEPAL / Kathmandu
NORDKOREA / Pjöngjang
OMAN / Maskat
OSTTIMOR / Dili
PAKISTAN / Islamabad
PHILIPPINEN / Manila
RUSSLAND / Moskau
SAUDI-ARABIEN / Riad
SINGAPUR / Singapur
SRI LANKA / Colombo

SÜDKOREA / Seoul
SYRIEN / Damaskus
TADSCHIKISTAN / Duschanbe
THAILAND / Bangkok
TÜRKEI / Ankara
TURKMENISTAN / Aşgabat
USBEKISTAN / Taschkent
VEREINIGTE ARABISCHE EMIRATE / Abu Dhabi
VIETNAM / Hanoi

PAZIFIK

Hawaii
(USA)

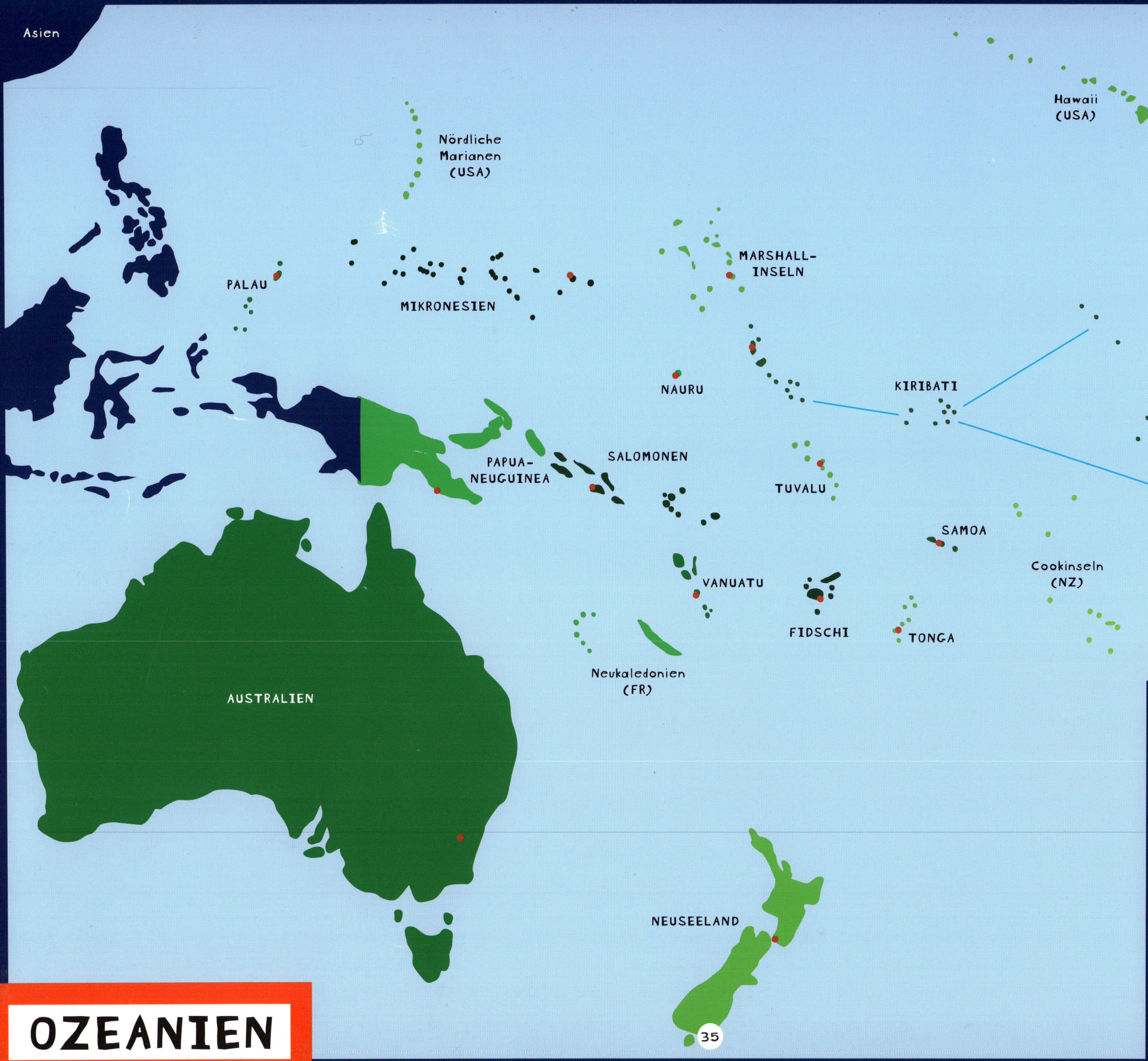

Französisch-
Polynesien
(FR)

Tahiti

Cookinseln
(NZ)

SAMOA

KIRIBATI

TONGA

MARSHALL-
INSELN

TUVALU

FIDSCHI

VANUATU

NAURU

Neukaledonien
(FR)

NEUSEELAND

35

Nördliche
Marianen
(USA)

SALOMONEN

MIKRONESIEN

PAPUA-
NEUGUINEA

PALAU

AUSTRALIEN

Asien

OZEANIEN

ANTARKTIS

ATLANTIK

Afrika

Bouvetinsel
(Norwegen)

Südgeorgien
und die Südlichen
Sandwichinseln
(GB)

ANTARKTISCHER OZEAN

Französische Süd-
und Antarktisgebiete
(FR)

Falklandinseln
(GB)

Südamerika

Amery-
Schelfeis

Heard und
McDonaldinseln
(AU)

Filchner-Ronne-
Schelfeis

● SÜDPOL

Shackleton-
Schelfeis

36

Ross-
Schelfeis

ANTARKTISCHER OZEAN

südlicher Polarkreis

Schelfeis
sind Gletscher,
die nicht auf
dem Land liegen,
sondern im Meer
treiben.

INDISCHER
OZEAN

PAZIFIK

Ozeanien

PAZIFIK

> Das arktische Eis sitzt nicht fest auf einer Stelle, sondern bewegt sich ständig! Es treibt mit dem Wind und den Meeresströmungen. Im Februar ist das Eis am dicksten, im August am dünnsten.

> Im Unterschied zur Antarktis ist die Arktis kein Kontinent. Am Nordpol gibt es nämlich kein Land – nur gefrorenes Meer!

Nordamerika

Neusibirische Inseln (RU)

ARKTISCHER OZEAN

Sewernaja Semlja (RU)

NORDPOL

Franz-Josef-Land (RU)

Nowaja Semlja (RU)

Grönland (Dänemark)

Spitzbergen (Norwegen)

nördlicher Polarkreis

Asien

37

ATLANTIK

Europa

NORD-AMERIKA

 Kanada

 USA

 Mexiko

 Guatemala

 Belize

 El Salvador

 Honduras

 Nicaragua

 Costa Rica

 Panama

 Bahamas

 Kuba

 Jamaika

 Haiti

 Dominikanische Republik

 St. Kitts und Nevis

 Antigua und Barbuda

 Dominica

 St. Lucia

 Barbados

 St. Vincent und die Grenadinen

 Grenada

 Trinidad und Tobago

SÜD-AMERIKA

 Ecuador

 Kolumbien

 Venezuela

 Guyana

 Suriname

 Französisch-Guayana

 Brasilien

 Peru

 Bolivien

 Chile

 Argentinien

 Paraguay

 Uruguay

ASIEN

 Russland

 Türkei

 Libanon

 Syrien

 Israel

 Jordanien

 Saudi-Arabien

 Jemen

 Oman

 Vereinigte Arabische Emirate

 Katar

 Bahrain

 Kuwait

 Irak